ゼロ から スタート！

岩田美貴の 改訂版

FP2級

1冊目の教科書

LEC専任講師 **岩田美貴** 著

LEC東京リーガルマインド 監修

KADOKAWA

JN039412

LECで大人気の岩田講師が合格へナビゲート！

FP2級は仕事で使える知識が身につきます！

CFP®・1級FP技能士

岩田　美貴（いわた・みき）

大学卒業後、経済・金融関係の出版社に勤務。企業や金融機関等への取材、インタビュー記事の執筆等を行う。FP資格取得後、1997年に(有)モーリーズ 岩田美貴FP事務所を設立し、独立。ライフプラン全般にわたるコンサルティングを展開。FPに関するセミナー、講演会、FP資格取得のための講座等、幅広く活動している。

STEP 1　岩田講師のここがすごい！

1 講師歴20年超で受講者3万人以上。合格者を多数輩出！

LECでのFP講座の講師歴は20年超、3万人以上の指導実績があります。大学や市民講座の講義でも途中でリタイアする人がほとんどいない圧倒的な修了率を誇っています。

2 最後まで飽きずに学べる！

FP資格は住宅ローンや生命保険の選択、確定申告など日常生活に結びついています。岩田講師は、業務上の事例や自身に生じるライフイベントに置き換えて説明を行うため、理解しやすいと評判です。

受講者の声

- FP技能検定のツボを押さえた講義だったと試験を受けて実感しました
- 制度のしくみや改定の主旨を目的から説明してくれるので理解が進みました
- どうして間違えたのかを理解でき、勉強になりました
- 知識がスイスイ入ってきます
- 実務や生活でも役立つ知識が得られて、受検後も役立っています！

合格への確実な一歩が踏み出せる

FP2級は6科目と学習範囲が広く、通常数カ月にわたる膨大な学習が必要です。本書では過去問を徹底分析し、重要ポイントを「ワンポイント」や「講師コメント」で的確に指摘。短期間で2級合格に必要な基礎知識が身につき、暗記を最小限に抑えられる内容になっています。

最短ルートの学習法を示します

その1 図解で学ぶ「イメージング」学習法

年金制度やタックスプランニングなどは、計算問題も多く、文章だけでは理解しづらい面があります。本書では、各項目のイメージを右ページの図版でわかりやすく提示。直感的にわかるので、理解の進み方が違います。また、具体例の提示や「講師コメント」によりつまずきも防げます。

その2 10時間で読み切れる見開き構成

FP2級に必要な基礎知識を1冊に凝縮。1項目見開きで左にポイントを押さえたわかりやすい解説、右に理解しやすい図やイラスト満載でどんどん読み進められます。

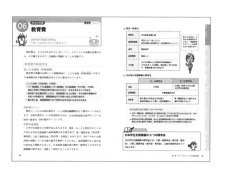

FP2級合格を実現！
人気講師の合格メソッドを誌面で再現

みなさんは、「ライフプラン」という言葉を聞いたことがあると思います。ライフプランとは生涯生活設計のこと。つまり、これからの人生で自分の夢や目標を達成するためにきちんと計画を立てようという考え方です。

　ファイナンシャル・プランナー（以下、FP）の資格では、人生における資金計画の手法（ファイナンシャル・プランニング）について学習します。そして、ファイナンシャル・プランニングを行うにあたって必要な金融商品や保険商品の知識、健康保険や厚生年金保険などの社会保険制度の知識、所得税や住民税といった税金の知識などをしっかり身につけられるのがFP資格です。

　私は、20年以上にわたって、FPとして多くの方々のお金の相談に乗るとともに、講師として大学や企業、市民センターや資格学校などのさまざまな場所で、FP資格を取得するための講座を担当してきました。就活に役立てたいという学生の方や、仕事で資格が必要だという会社員の方、結婚にあたってきちんと家計について考えたいという方、定年後のセカンドライフを安心して過ごすために勉強したいという方など、実に幅広い層の方々が、私の講義を受講され、それぞれの生活の場面で、学習した内容を存分に活かし、より充実した生活を楽しんでいらっしゃいます。

　本書は、その講義を基に、みなさんが2級FP技能検定合格を目指し、さらに、日常生活で知識を役立てていただけるように書き下ろしたものです。本書を読み進むにつれて、お金の知識が身につくだけでなく、今まで知らなかった世の中のしくみがよく見え、勉強することに興味が持てるようになることでしょう。

　みなさんが、本書を通じて得た知識を実生活に役立て、よりよい人生を送る一助になれば幸いです。

LEC専任講師
CFP®・1級ファイナンシャル・プランニング技能士　岩田 美貴

① 2級FP技能検定とは？

国家資格と民間資格の2種類がある

　本書を読んで、「学んだ知識を試してみたい」と思ったら、実際にFP技能検定を受けてみてはいかがでしょうか。FPの知識は、知っているだけでも役立ちますが、試験合格を意識して勉強すれば、より深く、体系的な知識を身につけられます。また、試験に合格すれば、履歴書に記載できたり、就職や転職の際に有利になるというメリットもあります。

　FPの資格には、現在、民間資格のAFP資格※1、CFP®資格※2と、国家資格であるファイナンシャル・プランニング技能士（以下、FP技能士）の2種類があります。

　2級FP技能検定の受検要件には、①3級FP技能検定合格者、②2年以上のFP実務経験、③日本FP協会が認定するAFP認定研修の修了者の3つがあります。**仕事でFP資格を活用するなら、2級FP技能検定試験の合格を目指しましょう。**

　2級FP技能士になると、一定の要件の下、日本FP協会に入会してAFP資格を取得することができ、AFP資格を持っていると、CFP®資格審査試験を受験することが可能となります。民間資格ではCFP®資格が、国家資格では1級FP技能士がFPの最高峰の資格です。

※1　AFP資格：アフィリエイテッド・ファイナンシャル・プランナー
※2　CFP®資格：サーティファイド・ファイナンシャル・プランナー

◎FP資格の概要

	AFP	CFP®	3級FP技能士	2級FP技能士	1級FP技能士
資格分類	民間資格		国家資格		
認定機関	日本FP協会		厚生労働省 試験実施機関：日本FP協会 金融財政事情研究会		
受検要件	認定研修の修了	AFP認定者	なし	・3級合格 ・実務経験（2年） ・認定研修の修了	・2級合格 ・実務経験（5年）
資格更新	2年ごとの更新		更新は不要		

2級と3級の内容の違いを知ろう

2級と3級の出題形式の違いを押さえる！

　みなさんの中にはFP3級に合格して、2級を受検される方もいらっしゃると思います。2級は3級と比べてどのくらい難易度が高いのか不安に思う方も多いでしょう。実は、2級と3級では試験で出題される範囲はそれほど変わりません。では、2級と3級の試験では、どこが異なるのでしょうか？

　まずは、学科試験の出題形式の違いを見ていきましょう。

　3級の学科試験では60問出題され、そのうち30問が〇×形式の問題、30問が3肢択一の問題です。一方、2級では60問すべてが4肢択一形式で出題されます。つまり、同じ60問の出題でも2級と3級では出題形式が違うため、同じ項目であっても2級のほうが、3級よりも詳しい知識を学習する必要がある、ということです。

　実技試験（資産設計提案業務）では、3級の出題数は20問ですが、2級の出題数は40問となっており、2級と3級で出題される問題数に大きな違いがあります。つまり、実技試験でも、2級は3級と比べて、試験範囲から幅広い問題が出題されるのです。

2級合格には3級よりも深い知識が必要とされる

　2級は4肢択一形式で出題されるため、1つの項目であっても、その項目をいろいろな側面から見て出題されたり、細かい要件を聞くような問題が出題されやすい特徴があります。そのため、2級に合格するためには、その項目についてきちんと理解する必要がありますし、数字を変えて適切か不適切かを聞かれる問題もあるため、暗記をすることも必要です。

　FP試験で出題される幅広い内容を理解し、暗記する必要があるので、2級に合格するのは、3級とは違う難しさがあるのです。

　それでは、実際に問題で確認してみましょう。リスク管理分野の個人年金保険に関する本試験問題になります。

3級（2023年9月試験）

3級（学科試験）では、○×問題と3肢択一問題が出題されます

(8) 変額個人年金保険は、特別勘定の運用実績によって、将来受け取る年金額や死亡給付金額は変動するが、解約返戻金額は変動しない。

【正解】　×

2級（2023年9月試験）

2級（学科試験）は、すべて4肢択一問題です

問題13
個人年金保険の一般的な商品性に関する次の記述のうち、最も不適切なものはどれか。

1. 確定年金では、年金受取開始日前に被保険者が死亡した場合、死亡給付金受取人が契約時に定められた年金受取総額と同額の死亡給付金を受け取ることができる。

2. 10年保証期間付終身年金では、被保険者の性別以外の契約条件が同一である場合、保険料は女性の方が男性よりも高くなる。

3. 変額個人年金保険では、特別勘定における運用実績によって、将来受け取る年金額や解約返戻金額が変動する。

4. 外貨建て個人年金保険では、円換算支払特約を付加することで、年金や解約返戻金、死亡給付金を円貨で受け取ることができる。

複数の論点が組み合わされて出題されています

3級よりも実務的で深い内容が出題されます

【正解】　1. が不適切

※日本FP協会2級・3級ファイナンシャル・プランニング技能検定学科試験 2021年2月許諾番号2102F000075

　いかがでしたでしょう。3級では変額個人年金保険の将来の受取額が出題されているのに対して、2級では、変額個人年金保険だけでなく、確定年金や終身年金など複数の論点を組み合わせて出題されています。性別による保険料の違いなど、より実務的な内容も出題されています。

　このように、2級の試験でしっかり得点できるようになるには、3級より幅広く深い知識が必要なのです。

③ 試験に受かる勉強法

合格のコツは6科目を偏りなく勉強すること

　2級FP技能検定試験は、学科試験と実技試験に分かれ、学科試験では、6科目から10問ずつ均等に出題されます。科目ごとの最低得点の基準はなく、合計得点で60%の正解率であれば合格となります。

　科目によって勉強内容が大きく異なるのが2級の特徴ですが、好きな科目では勉強がはかどり、苦手科目では勉強が進まないのは得策ではありません。合格するコツは、**科目による苦手意識を克服して6科目とも60%程度は正解できる**ようにし、得意科目では80%以上の正解率を目指すことです。

　本書では、試験での出題科目順に解説をしています。そのため**第1章から順番に読んでいただいてもかまいませんが、興味のある科目から読むのもひとつの方法**です。まずは好きな科目を読んでスタートダッシュし、その勢いで次の科目に進めば、無理なく6科目を学習できると思います。

　FP技能検定の勉強では、まったく違う内容の6科目を学習するので、1科目を読み終わったらひと息ついて少し頭を切り替えることで、次の科目が理解しやすくなるでしょう。違う内容とはいえ、科目ごとに重複する部分はあります。学習が進んで理解が深まってくると、その重複する部分が見えてきて、あたかも6科目がつながっているように思えてくるはずです。そうなれば試験合格も近いと思ってください。

効率のいい時間活用術

　試験は、基本的に「落とす試験」ではなく「受かる試験」なので、極端に難しい問題や奇問・難問は出題されません。きちんと時間を取って勉強した方が受かります。

　2級FP技能検定に合格するための標準的な学習時間は、約120時間といわれています。つまり、**週休2日の社会人であれば、休日を1日5時間程度勉強に充てれば、3カ月ほどで合格レベルに到達できる**と考えていいでしょ

う。とはいえ、まとまった時間を取るのは簡単ではないと思いますから、できるだけスキマ時間を活用することをおすすめします。通勤時間、少し早起きした朝の時間など、10分、15分程度の時間でも、それが積もればかなりの学習時間になります。

技能検定に受かるための勉強の進め方

　また、自分の予定に合わせて学習スケジュールを立てるなど、計画的に勉強するほど合格に近づきます。ただ、計画は「立てる」だけではダメです。**週1日10時間勉強するよりも毎日2時間勉強したほうが、勉強した内容も忘れにくい**ですから、コツコツと毎日勉強しましょう。それが合格への最短ルートです。

　学習法としては、まずは本書の通読をおすすめします。本書では、幅広い試験範囲のなかでも出題頻度が高い項目を中心に解説しているので、試験で出題される項目の概要やFP2級試験の水準を把握できます。忙しい方には、読者特典の聞き流し音声も役立ちます。その後、書かれている内容を理解できるように、熟読しましょう。すでにFP3級に合格している方も、本書を読むことで、3級試験では出題されない項目をより深く理解でき、その後の学習がスムーズになります。

　ひと通りテキストで学習したら、『この1冊で合格！　岩田美貴のFP2級最短完成問題集』で問題を解いてみてください。問題集はテキストを使いながら3回程度解くことをおすすめします。問題集の巻末に掲載されている「LECの公開模擬試験」にもチャレンジしてください。問題がどこでも解けるWebアプリも便利（問題集の読者特典）です。テキストと問題集で知識を身につけ、理解力を深めたら、過去問を解きましょう。過去問は試験実施団体のウェブサイトから無料でダウンロードできます。

　問題を解いてわからないところは、本書の該当ページを再度読んでみてください。2級FP技能検定に確実に合格するためにさらに詳しい知識を習得したい方は、『この1冊で合格！　岩田美貴のFP2級最短完成テキスト』を併用した学習も有効です。

資格取得のカギはスケジュールにアリ！
～めざす試験日に向けて、効果的な学習計画を立てよう

　試験は、2024年9月、2025年1月に実施され、2025年4月以降はCBT試験に移行予定です。9月と1月の試験については、下記を参考にして学習計画を立て、勉強を進めていきましょう。テキストと問題集を用いたベーシックな学習法の一例を挙げました。

13週間前にスタート！

Step1 **インプット** イメージをつかむ！	1週間	まずは本書を通読！　全体像を把握しましょう。読者特典の聞き流し音声も役立ちます！
Step2 **インプット** 覚えるために読む！	4週間	テキストを今度は熟読します。1つひとつ理解しながら読み進めていきましょう
Step3 **アウトプット** チャレンジ！	2週間	問題集にトライ！　解けない問題があっても気にせずに進めていきましょう
Step4 **インプット** 復習＆苦手を読む！	3週間	問題を解いてわからなかった部分を重点的に読むなど、メリハリをつけて読みます。一問一答にもトライしてみましょう
Step5 **アウトプット** 再チャレンジ！	2週間	再び問題集にチャレンジ。巻末の模擬試験も解いてみて、間違えた問題は復習しましょう
Step6 **イン＋アウトプット** 総仕上げ！	1週間	問題集2回目で間違えた箇所などについて、テキストを読み返したり問題を解き直したりして重点的に学び、本番の試験に備えましょう
Step7		**いよいよ試験日！**

**本書同シリーズの
テキスト版はこちら**

**たっぷり解ける問題集
ならこちら**

この1冊で合格！
岩田美貴のFP2級
最短完成テキスト

この1冊で合格！
岩田美貴のFP2級
最短完成問題集

**セットで学んで
効果抜群！
合格へ一直線！**

Contents　岩田美貴のFP2級1冊目の教科書

第1章

ライフプランニングと資金計画

第2章

リスク管理

第3章

金融資産運用

タックスプランニング

第5章

不動産

第6章

相続・事業承継

本文デザイン　Isshiki
DTP　フォレスト
本文イラスト　寺崎愛／福々ちえ

本書は原則として、2024年4月1日時点での情報を基に原稿執筆・編集を行っています。
検定試験に関する最新情報は、試験実施機関のウェブサイト等にてご確認ください。

第 **1** 章

ライフプランニングと資金計画

この章では、ライフプランニングの手法と国の社会保険制度を学びます。キャッシュフロー表や個人バランスシートを使ったライフプランニングの手法は、FPとして必須の知識です。試験でもよく出題されるので、しっかり理解しましょう。国の社会保険制度（健康保険、介護保険、労災保険、雇用保険、公的年金制度）では、それぞれの制度のしくみと給付の内容を理解することがポイントです。

01 ライフプランニングとは何か

お金に困ることなく生活するための計画が
ライフプランニングです

ファイナンシャル・プランナー（以下、FP）とは、個人のライフプランニングを行う専門家です。

人には、それぞれの人生があり、その人生の中で抱く夢や希望があります。**顧客がその夢や希望をスムーズに実現できるように、経済的な側面からアドバイスをするのがFPの仕事**です。

多くの人は、結婚や出産、マイホームの購入といった人生の節目のタイミングで、経済的なこと（お金のこと）を真剣に考えます。

もちろん、そういう大きな出費が必要なとき（ライフイベント）に、お金についてしっかりと考えることは必要でしょう。しかし、お金は特別なときにだけ考えればいいというものではありません。私たちが一生涯にわたってお金に困ることなく生活するには、**予想されるライフイベントについて、あらかじめ資金計画を立てておく必要があります**。それがライフプランニングです。

「ライフイベント表」がライフプランニングの基礎となる

FPが、顧客に対してライフプランニングを行うときには、6つのステップに沿って進めていきます。FPは、顧客の収入や支出、貯蓄額、年金や保険の加入状況、負債額（ローンなどの残額）など、さまざまなデータを集めたうえで問題点を分析し、その問題点を解決するためのプランを立案します。

そのプランニングの手順の中で、いちばんのベースとなるのがライフイベント表です。

ライフイベント表とは、**家族の将来のライフイベントとそれに必要な資金の額を時系列にまとめた表**です。ライフイベント表を作成することで、漠然としていた将来の夢や目標を明確にすることが可能になります。

◎ ライフプランニングの手順

Step 1 **顧客との関係確立とその明確化**
FPは顧客にお金についてアドバイスをする仕事であるため、顧客との信頼関係が重要

Step 2 **顧客データの収集と目標の明確化**
顧客の収支、貯蓄、年金や保険の加入状況、負債、目的や優先事項などの情報を収集

Step 3 **顧客のファイナンス状態の分析と評価**
キャッシュフロー表や個人バランスシートなどを作成し、顧客のファイナンス状態を分析

Step 4 **プランの検討・作成と提示**
Step 3の分析と評価に基づき、顧客のファイナンス上の問題を解決するプランを作成

Step 5 **プランの実行援助**
顧客がプランを無理なく実行できるように、アドバイスや支援を行う

Step 6 **プランの定期的見直し**
顧客の家族構成や仕事が変わるなどの人生の節目で、ライフプランの見直しを行う

◎ ライフイベント表の例

経過年数（年）		現在	1	2	3	4	5	6	7	8	9	10
西暦（年）		2024	2025	2026	2027	2028	2029	2030	2031	2032	2033	2034
家族の年齢（歳）	山田大輔	32	33	34	35	36	37	38	39	40	41	42
	山田美香	29	30	31	32	33	34	35	36	37	38	39
	山田 翔	5	6	7	8	9	10	11	12	13	14	15

家族の年齢は、一般的には12月31日時点の年齢を記入するが、学齢期の子どもがいる場合は、3月31日時点の年齢でもOK

家族のライフイベントと必要資金												
山田大輔			車買替え	マイホーム購入					家族旅行			
山田美香				パート復帰								
山田 翔		幼稚園入園		小学校入学						中学校入学		

資金の移動をともなう出来事をライフイベントという

1 資金計画
2 リスク管理
3 金融資産運用
4 タックスプランニング
5 不動産
6 相続・事業承継

02 キャッシュフロー表と個人バランスシート

2種類の表を作成して、顧客の将来のお金の流れや資産と負債のバランスをチェックします

　ライフプランニングを行うにあたって、顧客の経済的な問題点を分析する際に使うのが、**キャッシュフロー表**と**個人バランスシート**です。ここでは、この2つのつくり方を見ていきましょう。

キャッシュフロー表を作成する

　キャッシュフロー表とは、現在の収支状況とライフイベント表に基づいて、**将来の収支状況と金融資産残高を予測し、表形式にまとめたもの**です。

　収入欄に記入する額は、税金などを含めた額面の収入金額ではなく、可処分所得です。可処分所得とは、額面の収入金額から所得税や住民税などの税金と社会保険料を差し引いた手取りの金額で、その人が自分の意思で自由に使うことができる金額です。

可処分所得 ＝ 額面の収入金額 － （所得税・住民税 ＋ 社会保険料）

　キャッシュフロー表には、一般的に、次の項目が含まれます。

❶年間収入：給与収入などの収入金額（可処分所得）のこと。複数の収入がある場合は、項目（行）を分けて記入し、収入合計を算出する。

❷年間支出：基本生活費など実際に支出した金額のこと。支出欄の各項目の額を合計して、支出合計を算出する。

❸年間収支：収入合計から支出合計を引いた額。収入よりも支出が多い年は、年間収支がマイナスになる。

❹金融資産残高：その時点での貯蓄額など。金融資産残高がマイナスになっている場合は、借入れがあるということ。

❺変動率：変動率が設定されている項目は、翌年以降の金額を計算する際に、変動率を加味して算出する。変動率とは変化の割合で、給与収入であれば

キャッシュフロー表の例

❶ 年間収入　❷ 年間支出　❸ 年間収支　❹ 金融資産残高　❺ 変動率

経過年数(年)			現在	1	2	3	4	5	6	7	8	9	10
西暦(年)			2024	2025	2026	2027	2028	2029	2030	2031	2032	2033	2034
家族の年齢(歳)	山田大輔		32	33	34	35	36	37	38	39	40	41	42
	山田美香		29	30	31	32	33	34	35	36	37	38	39
	山田　翔		5	6	7	8	9	10	11	12	13	14	15

家族のライフイベントと必要資金

	山田大輔			車買替え	マイホーム購入					家族旅行			
	山田美香				パート復帰								
	山田　翔		幼稚園入園		小学校入学						中学校入学		

収入(万円)

変動率が設定されている項目は、翌年以降、変動率を加味した将来値の額を記入する

項目	変動率	現在	1	2	3	4	5	6	7	8	9	10
給与収入	❺ 1%	❶ 500	505	510	515	520	526	531	536	541	547	552
その他の収入	0%		100	100	100	100	100	100	100	100	100	100
収入合計		500	505	610	615	620	626	631	636	641	647	652

支出(万円)

項目	変動率	現在	1	2	3	4	5	6	7	8	9	10
基本生活費	1%	❷ 200	202	204	206	208	210	212	214	217	219	221
住居費	0%	120	120	120	150	150	150	150	150	150	150	150
教育費	1%	20	20	31	31	31	32	32	32	54	55	55
保険料	0%	36	36	36	36	36	36	36	36	36	36	36
その他の支出	1%	20	20	20	21	21	21	21	21	22	22	22
一時的支出	0%		100	1,000					50			
支出合計		396	498	1,411	444	446	449	451	503	479	482	484
年間収支		❸ 104	7	-801	171	174	177	180	133	162	165	168
金融資産残高	1%	❹ 1,000	1,017	226	399	577	760	948	1,090	1,263	1,440	1,623

1年後（2025年）の金融資産残高を計算してみると……

$$1,000 万円 \times (1 + 0.01) + (505 万円 - 498 万円) = 1,017 万円$$

年間の昇給率、支出項目であれば物価上昇の割合、金融資産残高であれば
運用利回りのこと。住宅ローンや保険料など、毎年定額で払うものには、
変動率は設定しない。

〈変動率が設定されている項目の計算方法〉

例 給与収入の計算

翌年の収入額＝本年の収入額×（1＋変動率）

〈現在の給与（可処分所得）が500万円、変動率が1％の場合〉

 1年後の給与収入＝500万円×（1＋0.01）＝505万円

 2年後の給与収入＝505万円×（1＋0.01）＝510万円

 3年後の給与収入＝510万円×（1＋0.01）＝515万円

例 金融資産残高の計算

翌年の金融資産残高＝本年の金融資産残高×（1＋変動率）±翌年の年間収支

〈本年の金融資産残高が1,000万円、変動率1％、翌年の年間収支が＋60万円の場合〉

 1年後の金融資産残高＝1,000万円×（1＋0.01）＋60万円＝1,070万円

個人バランスシートを作成する

　個人バランスシートは、**ある時点での家計の資産と負債のバランスを見る**ものです。

　キャッシュフロー表では、家計のお金の流れはわかりますが、負債の額は把握できません。そこで個人バランスシートを作成することで、トータルに**その家計が健全かどうか**を分析することができます。

❶資産：金融商品は、商品別に残高を記入する。株式や投資信託などの投資型の商品は、**個人バランスシートを作成する時点の時価**を記入する。生命保険は、解約返戻金相当額を記入する。自宅や自動車も時価で記入する。

❷負債：住宅ローン、自動車ローンなどの負債の残高を記入する。

❸純資産：資産から負債を引いた額（その家計の正味の資産の額）を記入する。

1 資金計画

2 リスク管理

3 金融資産運用

4 タックスプランニング

5 不動産

6 相続・事業承継

◎ 個人バランスシートの例

（2024年12月31日現在）

❶資産		❷負債	
金融資産		住宅ローン 2,300万円 自動車ローン 50万円	
預貯金等	100万円		
株式	36万円	負債合計	2,350万円
投資信託	90万円		
生命保険	100万円	❸純資産	
自宅	2,500万円		
自動車	60万円		536万円
資産合計	2,886万円	負債・純資産合計	2,886万円

生命保険は、解約返戻金相当額を記入する

負債の額は、借入額ではなく、その時点でまだ返済していない残額（残債）を記入する

資産の額は時価を記入します！

📖 ワンポイント

将来を予測するには、20～30年分を作成する

キャッシュフロー表の作成期間は、20～30年程度が一般的です（ライフイベント表も同様）。将来のお金の流れ（収支状況や金融資産残高）をざっくりと把握したいので、記入する金額は1万円単位でOKです。

03 資金計画のための6つの係数

6つの係数を使って
必要な資金額を簡単に計算します

　資金計画を立てる際には、必要資金の**将来値**（現在の金額に対して、インフレによって将来いくらの金額が必要になるか）や**現在値**（将来必要になる金額を準備するには、今の価値でいくらの金額が必要か）を計算する必要があります。そのような場合は、「係数」を使うことで簡単に計算することができます。係数には、①終価係数、②現価係数、③年金終価係数、④減債基金係数、⑤年金現価係数、⑥資本回収係数の6つがあり、それぞれ次のような数値を求める際に用います。

❶終価係数

　今ある金額を一定期間にわたって一定の利率で運用した場合に、**将来いくらになるか**を求める。

❷現価係数

　将来、一定の金額を得るために、**現在いくらあればいいのか**を求める。

❸年金終価係数

　一定の期間にわたって、毎年同じ金額を複利で運用しながら積み立てた場合、**将来いくらになるか**を求める。

❹減債基金係数

　将来のある時点で一定の金額を受け取るためには、**毎年いくらずつ積み立てていけばいいか**を求める。

❺年金現価係数

　一定の期間にわたって、複利運用しながら毎年一定の金額を受け取るためには、**現在いくらあればいいか**を求める。

❻資本回収係数

　一定の金額を一定の期間にわたって取り崩した場合、**毎年いくらずつ受け取ることができるか**を求める。住宅ローンの返済金額を求めるときも使用。

◎ 6つの係数とは？ （各係数の数値は26ページ参照）

❶終価係数

現在の額から将来の額を求める

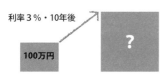

利率3％・10年後

例
100万円を年3％で複利運用すると、
10年後にはいくらになるか？
➡100万円×1.344＝**134万4,000円**

❷現価係数

将来の額から現在の額を求める

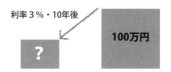

利率3％・10年後

例
10年後に100万円が必要な場合、年3％で複利
運用するとすれば、現在いくらあればいいか？
➡100万円×0.7441＝**74万4,100円**

❸年金終価係数

毎年の積立額から将来の額を求める

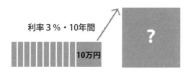

利率3％・10年間

例
毎年10万円を年3％で複利運用しながら
10年間積み立てると、いくらになるか？
➡10万円×11.464＝**114万6,400円**

❹減債基金係数

将来の額から毎年の積立額を求める

利率3％・10年間

例
10年間で100万円を貯めるには、
年3％で複利運用するとして、
毎年いくら積み立てればいいか？
➡100万円×0.08723＝**8万7,230円**

❺年金現価係数

一定の年金をもらうために
必要な年金原資を求める

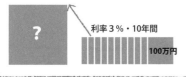

利率3％・10年間

例
年金を毎年100万円ずつ10年間受け取りたい。
年3％で複利運用する場合、いくらの元本が
必要か？
➡100万円×8.530＝**853万円**

❻資本回収係数

年金原資（手持ち資金）を基に
毎年受け取る年金額を求める

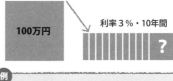

利率3％・10年間

例
100万円を年3％で複利運用しながら
10年間にわたって取り崩す場合、
毎年の年金額はいくらになるか？
➡100万円×0.11723＝**11万7,230円**

1 資金計画
2 リスク管理
3 金融資産運用
4 タックスプランニング
5 不動産
6 相続・事業承継

それぞれの数値は、利率と年数からなる係数表の数値を、基になる金額に乗じることで求めることができます。

◎ 6つの係数表（利率3％の場合）

期間	終価係数	現価係数	年金終価係数	減債基金係数	年金現価係数	資本回収係数
1年	1.030	0.9709	1.000	1.00000	0.971	1.03000
5年	1.159	0.8626	5.309	0.18835	4.580	0.21835
10年	1.344	0.7441	11.464	0.08723	8.530	0.11723
15年	1.558	0.6419	18.599	0.05377	11.938	0.08377
20年	1.806	0.5537	26.870	0.03722	14.877	0.06722

係数は自分で計算することもできますが、
インターネットなどで調べることもできます！

たとえば、「現在100万円がある場合、利率3％で10年間複利運用すると、10年後にはいくらになっているか」を考えてみましょう。

現在の額から将来の額を求める ➡ 終価係数を用いる
利率3％・期間10年の終価係数 ➡ 1.344（上の表参照）

 計算式 　100万円 × 1.344 ＝ 134.4万円

100万円を利率3％で複利運用すると、
10年後には**134万4,000円**になる！

 ワンポイント

「どんなときに、どの係数を使えばよいか」を覚える

試験には6つの係数を使った計算問題が出されますが、係数表は問題の中で与えられるため、数値の暗記は必要ありません。どんなときに、どの係数を使えばよいかがわかればOKです！

夢を実現するための必要金額を計算してみよう！

車を買う、海外留学をする……そんな自分の夢を実現するために必要な金額を計算してみましょう。

将来の目標金額（ある時点で必要な金額）を貯めるための毎年の積立額を計算するには、減債基金係数を使います。

◎ 減債基金係数表

期間 ＼ 利率	1%	2%	3%	4%	5%
1 年	1.0000	1.0000	1.0000	1.0000	1.0000
2 年	0.4975	0.4950	0.4926	0.4902	0.4878
3 年	0.3300	0.3267	0.3235	0.3203	0.3172
4 年	0.2462	0.2426	0.2309	0.2354	0.2320
5 年	0.1960	0.1921	0.1883	0.1846	0.1809
6 年	0.1625	0.1585	0.1546	0.1507	0.1470
7 年	0.1386	0.1345	0.1305	0.1266	0.1228
8 年	0.1206	0.1165	0.1124	0.1085	0.1047
9 年	0.1067	0.1025	0.0984	0.0944	0.0906
10 年	0.0955	0.0913	0.0872	0.0832	0.0795
15 年	0.0621	0.0578	0.0537	0.0499	0.0463

例 5年後に 200 万円の車を買いたい

年1％で複利運用する場合、減債基金係数は 0.1960（上の表参照）

計算式 200 万円× 0.196 ＝ 39 万 2,000 円

➡ 毎年 39 万 2,000 円の積立金が必要

例 15 年後に老後資金として 3,000 万円が必要

年3％で複利運用する場合、減債基金係数は 0.0537（上の表参照）

計算式 3,000 万円× 0.0537 ＝ 161 万 1,000 円

➡ 毎年 161 万 1,000 円の積立金が必要

1 資金計画
2 リスク管理
3 金融資産運用
4 タックスプランニング
5 不動産
6 相続・事業承継

04 FPができること・できないこと

重要度 ★★☆

FPの職業倫理と
業務の範囲を知っておきましょう

　FPの業務を直接規制する法律はありませんが、業務に関連する法律に注意しなくてはなりません。これを、**法令順守**（コンプライアンス）といいます。また、職業倫理上の観点から厳守すべき原則もあります。

ファイナンシャル・プランニングと関連法規

◆ 税理士法・弁護士法・保険業法など

　FP業務は、税務、法律分野などさまざまな領域にわたりますが、税理士や弁護士、社会保険労務士、保険募集人など、その資格を持っていないと行うことができない業務をしないように注意する必要があります。

◆ 著作権

　他人の著作物を無断でコピーや転載することは著作権の侵害に当たります。FP業務で使用する際も、原則として、著作者の許諾が必要となります。ただし、私的使用が目的の場合は著作権の侵害になりません。なお、法令や判例、白書など、国や地方公共団体が公表している広報資料や統計資料には著作権がないので許諾なしに使用できます。

FPの職業的原則

◆ 顧客の利益優先

　FPの業務は、顧客のライフプランを実現することが目的であり、顧客の立場で、**顧客の利益を優先するプランニング**が求められます。

◆ 顧客の秘密の保持

　FPは**守秘義務を厳守**し、顧客の個人情報を第三者に漏らしてはいけません。ただし、FP業務を果たすうえで必要な場合（他の専門家への相談など）は、顧客の了承を得て第三者（他の専門家）に伝えることができます。

◉ FP業務と関連法規

FP業務と税理士法との関係

税理士資格を持たないFPは、
税務書類の作成や具体的な税務相談を行ってはならない

〈FPができること〉

- ○ 顧客に一般的な税解釈を伝える
- ○ 仮定の数値で税計算を行う

〈FPができないこと〉

- × 顧客の確定申告書を作成する
- × 顧客の税務申告を代理で行う
- × 有償無償を問わず、具体的な税務相談を行う

FP業務と弁護士法との関係

弁護士資格を持たないFPは、
具体的な法律判断をくだしたり、法律業務を行うことはできない

〈FPができること〉

- ○ 相続関連のセミナーを開催する
- ○ 遺言書の種類やメリット・デメリットについて一般的な説明をする
- ○ 公正証書遺言の証人となる

〈FPができないこと〉

- × 遺言書の作成のアドバイスをする
- × 相続財産の分割案、相続問題の和解案を提示する

FP業務と社会保険労務士法との関係

社会保険労務士資格を持たないFPは、
社会保険関係の書類の作成、官公署への提出手続業務を行うことはできない

FP業務と保険業法との関係

保険募集人資格を持たないFPは、
保険の募集や保険契約の締結、保険料の徴収を行うことはできない

FP業務と金融商品取引法との関係

投資判断の助言や顧客資産の運用を行う場合は、
金融商品取引業者として登録をしなければならない

1 資金計画
2 リスク管理
3 金融資産運用
4 タックスプランニング
5 不動産
6 相続・事業承継

05 資金計画❶

マイホームの取得

マイホーム取得の資金計画でポイントとなる
住宅ローンの返済方法等を理解しましょう

　住宅取得資金、教育費、老後資金は「人生の三大支出」といわれ、ライフプランの中でも、大きなウエイトを占めるものです。中でもマイホームの取得は、人生の最大の夢であることが多く、金額的にも大きな買い物であるため、しっかりと資金計画を立てる必要があります。

　住宅ローンを組むときには、頭金（あたまきん）だけでなく諸経費も必要となるため、**購入物件の 20 ～ 30%程度の自己資金を準備**することが望ましいです。

住宅ローンの返済方法の種類

　住宅ローンの返済方法には、元利均等返済（がんりきんとうへんさい）と元金均等返済（がんきんきんとうへんさい）があります。

◆ 元利均等返済

　毎回の返済額が一定で、返済するにつれて返済額の内訳（元金部分と利息部分の額）が変わってくる方法です。

　返済額が一定なので返済計画が立てやすく、元金均等返済に比べて返済当初の返済額は少ないというメリットがある一方、元金均等返済よりも負担する利息の額が多くなります。

◆ 元金均等返済

　元金部分を毎回同じ額ずつ返済する方法です。ローン残高が多いうちは利息分の支払いの割合が大きいのですが、返済が進むにつれて利息分の支払いが少なくなり、かつ毎月の返済額もだんだん減少していきます。

住宅ローンの借入金利の種類

　住宅ローンの借入金利の種類には、**固定金利、変動金利、固定金利選択型**などがあります。変動金利は固定金利よりも適用金利が低く設定されていますが、金利上昇局面では、支払う利息が多くなってしまいます。

◎ 住宅ローンの返済方法

元利均等返済
毎回の返済額（元金と利息の合計）が一定

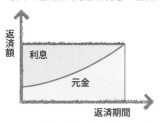

返済当初は利息の割合が多いが、
返済が進むにつれて元金の割合が多くなる

元金均等返済
毎回返済する元金の額が一定

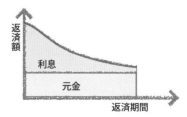

当初は返済額（元金＋利息）が多いが、
返済が進むにつれて返済額が少なくなる

◎ 住宅ローンの借入金利

固定金利

・借入れ当初の金利を最後まで適用
・利息の返済額が一定なので、計画を立てやすい

変動金利

・市場金利の変動にともない、適用金利が変動する
・固定金利よりも金利水準は低いが、市場金利の
　上昇時は返済額が増えてしまうことがある

> **変動金利のポイント**
> ・金利水準の見直し：年2回（半年ごと）
> ・返済額の見直し：5年に1回
> ※急激な返済額の増加を防ぐため、金利見直し
> 　後の返済額は、旧返済額の1.25倍が上限

固定金利選択型

変動金利

固定金利

一定期間後に固定金利か変動金利を選択

・固定金利の期間は、借入れ当初から
　2年、3年、5年、10年など選択できる
・固定金利の期間が長いほど、適用利率は
　高くなる

📖 ワンポイント

元利均等返済と元金均等返済は、どちらが得か

借入金・返済期間・金利が同じ場合は、元金均等返済のほうが、
元利均等返済よりも総返済額（元金と利息の合計額）が少なくな
ります。

1 資金計画

2 リスク管理

3 金融資産運用

4 タックスプランニング

5 不動産

6 相続・事業承継

住宅ローンの繰上げ返済の方法

　住宅ローンの**繰上げ返済**とは、返済期間中に、毎月の返済とは別に、元金の一部や全部を返済することです。繰上げ返済をすることで、支払うはずだった利息を軽減できる効果があります。繰上げ返済の方法は、**期間短縮型**と**返済額軽減型**の2つです。

◆ 期間短縮型

　毎月の返済額は変えずに、**返済期間を短縮する方法**です。繰上げ返済の額を元金の返済に充当することで返済回数を減らし、返済期間を短縮します。

◆ 返済額軽減型

　返済期間は変えずに、**毎月の返済額を少なくする方法**です。期間短縮型に比べると、利息軽減効果は低くなります。

住宅ローンの種類と内容

　住宅ローンには、大きく分けて公的融資と民間融資があります。

　公的融資の代表的なものが、住宅金融支援機構が民間の金融機関と提携して融資を行う**フラット35**です。フラット35は長期固定金利型の住宅ローンです。

◎ フラット35の特徴

融資主体	民間金融機関（融資後、住宅金融支援機構がローン債権を買い取る）
資金使途	本人または親族が住むための新築住宅の建築・購入資金、中古住宅の購入資金
対象住宅	戸建ての場合、床面積70㎡以上、共同住宅は30㎡以上
融資額	融資限度額は8,000万円で、購入価格（または建築資金）の100%まで
返済期間	原則、15年から35年（完済時の年齢は80歳以下）
金利	長期固定金利、または段階金利 →融資実行時の金利が適用（各金融機関が独自に設定）
その他	保証人、保証料：不要 繰上げ返済の手数料：無料

◎ 住宅ローンの繰上げ返済

期間短縮型

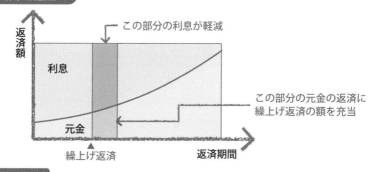

この部分の利息が軽減

返済額

利息

元金

この部分の元金の返済に
繰上げ返済の額を充当

繰上げ返済　　　　　返済期間

POINT

- 期間短縮型のほうが、返済額軽減型よりも利息軽減効果が高くなる
- 期間短縮型では、早い時期に繰上げ返済をしたほうが、利息軽減効果が高くなる

返済額軽減型

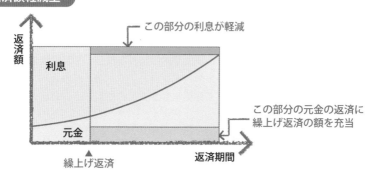

この部分の利息が軽減

返済額

利息

元金

この部分の元金の返済に
繰上げ返済の額を充当

繰上げ返済　　　　　返済期間

◎ 財形住宅融資の概要

申込み資格	・財形貯蓄を1年以上継続して積み立てていること ・貯蓄残高が50万円以上あること ・自分が所有および居住するための住宅の建設・購入等
融資額	・財形貯蓄残高の10倍以内（最高4,000万円） ・住宅取得価額の90%が限度
適用金利	・5年固定金利（適用金利を5年ごとに見直し）

1 資金計画

2 リスク管理

3 金融資産運用

4 タックスプランニング

5 不動産

6 相続・事業承継

06 資金計画❷ 教育費

教育費の準備の鉄則は
「早いうちからコツコツ貯める！」

教育費は、子どもが生まれたときに「いつ・どのくらいの金額が必要なのか」が予測できるので、計画的に準備することが可能です。

教育費の準備方法

❶こども保険（学資保険）

教育費の準備を目的とした保険商品に、**こども保険**（学資保険）があり、生命保険会社や損害保険会社などから販売されています。

〈こども保険（学資保険）の特徴〉
- 「17歳満期」「18歳満期」「21歳満期」「22歳満期」や小学校、中学校、高校入学時に学資金が受け取れるものなど、さまざまなタイプがある
- 契約者である親が死亡したり、高度障害になった場合、それ以降の保険料の支払いは免除され、満期保険金や入学祝い金などが受け取れる
- 親の死亡後、保険期間終了まで育英年金が支払われるものもある

❷教育ローン

教育ローンには公的な教育ローンと民間金融機関の行う教育ローンがあります。公的な教育ローンの代表的なものは、**日本政策金融公庫**が行っている**教育一般貸付**（国の教育ローン）です。

❸奨学金制度

大学や自治体などの奨学金もありますが、現在、もっとも利用されているのが**日本学生支援機構**の返済義務のある奨学金で、**第一種奨学金**（貸付型・無利息）と**第二種奨学金**（貸付型・有利息）があります。2017年からは経済的に困窮している生徒の進学を後押しするために、返済義務のない**給付型の奨学金**も開始されました。日本政策金融公庫の教育一般貸付と日本学生支援機構の奨学金は、重複して利用することができます。

◎ 教育一般貸付

融資元	日本政策金融公庫
融資限度額	学生1人につき350万円 （自宅外通学、海外留学など一定の要件のもと450万円）
金利	固定金利
返済期間	最長18年
その他	子どもの数による世帯の年収制限あり （子どもが1人の場合、給与収入790万円以下、事業所得600万円以下）

借りたお金は、入学金や授業料だけでなく、受験費用やアパートの家賃などにも使えます！

◎ 日本学生支援機構の奨学金

	第一種奨学金	第二種奨学金
利息	無利息	有利息（利率３％が上限） ※在学中は無利息
返済期間	卒業後最長20年	
対象者	特に優れた学生および生徒で経済的理由により著しく就学困難な人	第一種奨学金より緩やかな基準で選考された人

〈給付型奨学金の概要〉（2024年度の場合）

- 大学、短期大学、専修学校などに進学を予定している人などで住民税非課税世帯、およびそれに準ずる世帯、多子世帯・理工農系の中間層の人が対象
- 進学先の大学等と進学形態、本人と生計維持者の収入によって給付される額が異なる。国公立大学に進学する場合、自宅外通学なら月6万6,700円が給付の上限となる

📖 ワンポイント

日本学生支援機構の３つの奨学金

日本学生支援機構の奨学金には、①第一種奨学金（貸付型・無利息）、②第二種奨学金（貸付型・有利息）、③給付型奨学金の３つがあります。

1 資金計画
2 リスク管理
3 金融資産運用
4 タックスプランニング
5 不動産
6 相続・事業承継

老後資金

実現したい老後の生活のために、必要な資金と
不足額をシミュレーションするのがスタート

　退職後や老後の生活設計を**リタイアメントプラン**といいます。日本は世界
有数の長寿国であり、平均寿命は毎年延び続けています。幸せなセカンドラ
イフを送るには、具体的に「どんな生活を送りたいか」をイメージし、その
ための老後資金はどのくらい必要で、不足額はいくらかをシミュレーション
しておく必要があります。

　また、公的年金の受給や健康保険の切替え、公的介護保険の利用など、社
会保険制度に関する知識を持っておくことも重要です。

老後資金の運用のポイント

　老後資金の資産運用は、一般的に、**安全性・流動性を重視して金融商品を
選択**することが重要です。

　老後資金は「生活資金（生活に必要なお金）」「予備資金」「ゆとり資金」
に分けられますが、必要資金が十分に確保できていれば、ゆとり資金の一部
を株式や株式投資信託などの運用に回してもかまいません。

　ただし、収益性の高いハイリスク・ハイリターンの金融商品は、生活に必
要な資金も失ってしまう危険があるので避けたほうがいいでしょう。

◆リバースモーゲージ（持ち家担保融資）

　老後の年金収入が少ないと、自宅は保有しているものの日々の生活資金が
不足することがあります。

　リバースモーゲージとは、**自宅を担保**にしてそこに住み続けながら資金の
融資を受ける方法です。生存中は利息分のみ毎月支払うのが一般的で、元金
の返済は不要です。死亡後に自宅を売却して清算し、残金があれば相続人に
支払われます。

1 資金計画

2 リスク管理

3 金融資産運用

4 タックスプランニング

5 不動産

6 相続・事業承継

◎ 平均余命の年次推移

（厚生労働省資料から作成）

性別	男性			女性		
年次＼年齢	0歳	65歳	75歳	0歳	65歳	75歳
1965年	67.74	11.88	6.63	72.92	14.56	8.11
1995年	76.38	16.48	9.81	82.85	20.94	12.88
2000年	77.72	17.54	10.75	84.60	22.42	14.19
2010年	79.55	18.74	11.45	86.30	23.80	15.27
2022年	81.05	19.44	12.04	87.09	24.30	15.67

ある年齢の人が平均的に「あと何年生きられるか」を表したものが、平均余命です。0歳の人の平均余命が「平均寿命」です

◎ 老後資金は3つに分けて考える

生活資金

基本的な生活費

予備資金

入院や介護、自宅のリフォーム費用など

ゆとり資金

旅行、趣味などの費用

リタイアメントプランのポイント

「仕事」「生活スタイル」「生きがい」などをよく考える！

「いつごろ、リタイアするか？」 ➡ 60歳で定年退職し、再就職して70歳まで働く など

「リタイア後の住居はどうするか？」 ➡ 持ち家を売却して手ごろなマンションに引っ越す など

「リタイア後は誰と暮らすのか？」 ➡ 妻（夫）と2人で暮らす、子どもと同居する など

「リタイア後の生活資金は十分か？」 ➡ 公的年金の受給額、老後のための貯蓄額 など

「余暇はどう過ごすか？」 ➡ 妻（夫）と旅行、地域のボランティア など

08 公的保障❶ 医療保険

病気やケガの治療に欠かせないのが
健康保険などの公的医療保険です

　公的医療保険は、病気やケガなどの万一の場合や、病気や出産などで仕事ができなくなった場合などに給付を受けることができる制度です。

公的医療保険制度の種類としくみ

　会社員や公務員などが加入する被用者保険（健康保険、共済保険など）と自営業者などが加入する国民健康保険に分かれます。

◎ 公的医療保険の種類

公的医療保険の種類		対象者
健康保険	協会管掌	民間の企業に勤める人とその扶養親族
	組合管掌	
共済組合		公務員・私立学校の教職員などとその扶養親族
国民健康保険		自営業者、定年退職者など
後期高齢者医療制度		75歳以上の人、65歳以上75歳未満で一定の障害の状態にある人

◆ 健康保険のしくみ

　健康保険は、被保険者とその扶養親族に対して、労災保険（労働者災害補償保険）の対象にならない病気やケガ、死亡、出産などについて給付を行うものです。全国健康保険協会が保険者（制度を運営する主体）となる協会管掌健康保険（協会けんぽ）と、健康保険組合が保険者となる組合管掌健康保険があります。健康保険の被扶養者になるためには、次の要件があります。

〈健康保険の被扶養者の要件〉
・生計が同一の親族（3親等以内）
・年間収入が130万円未満（60歳以上または障害者の場合は180万円未満）で、かつ被保険者の年収の2分の1未満

◎ 健康保険の主な給付

> 健康保険では療養の給付がもっとも多い！

療養の給付（家族療養費）	病気やケガで医師の治療を受ける場合に給付される
高額療養費	同一の月に支払った医療費の自己負担額が一定の限度額を超えたときに支給される現金給付
傷病手当金	被保険者が、業務外の事由によって疾病、負傷して働けない場合に支給される現金給付（通算1年6カ月）
出産手当金	被保険者が出産した場合、出産日以前42日から出産日後56日までの期間で働かなかった日について支給される現金給付 （任意継続被保険者や資格喪失後の出産は対象外）
出産育児一時金 （家族出産育児一時金）	1児につき50万円（産科医療補償制度に加入している医療機関で出産の場合）を一時金として給付
埋葬料・埋葬費（家族埋葬料）	被保険者が死亡したときに、一律5万円を支給

◎ 療養の給付の自己負担割合

70歳以上75歳未満	2割（一定以上の所得者は3割）
70歳未満	3割
未就学児（義務教育就学前）	2割

〈退職後にも健康保険に加入できる任意継続被保険者制度〉

　会社を退職すると健康保険を脱退しますが、申請することによって、退職後も健康保険の被保険者になることができます。これを任意継続被保険者といいます。任意継続被保険者の要件は、次の通りです。

①資格喪失の前日まで継続して2カ月以上健康保険の被保険者であった人

②資格喪失日から20日以内に申請をすること

③加入できる期間は最長で2年間

※任意継続被保険者の保険料は全額自己負担（上限あり）となり、傷病手当金や出産手当金の給付はない

1 資金計画
2 リスク管理
3 金融資産運用
4 タックスプランニング
5 不動産
6 相続・事業承継

健康保険の保険料は、標準報酬月額および標準賞与額に都道府県によって異なる一定の料率を掛けた額で、協会管掌健康保険では**労使折半**で負担します。組合管掌健康保険では一定の範囲内で健康保険組合が定める率（労使折半または事業主が半分以上）とされています。

◆ 国民健康保険のしくみ

　国民健康保険は、自営業者や定年退職者など、被用者保険の対象とならない人が対象の公的医療保険制度です。国民健康保険の保険者は都道府県および市区町村と国民健康保険組合で、保険料は各市区町村、国民健康保険組合ごとに異なります。

　また、国民健康保険では、健康保険のような被扶養者という考え方はないため、すべての加入者が被保険者となります。保険給付は、健康保険と同様ですが、**傷病手当金、出産手当金**の給付は行われません。

◆ 後期高齢者医療制度のしくみ

　75歳以上（寝たきりなどで障害認定を受けた場合は、65歳以上75歳未満）になると、すべての人が後期高齢者医療制度の対象となります。

　後期高齢者医療制度では、医療費の自己負担額は原則1割ですが、所得の多い人は2割または3割の自己負担です。

　健康保険の被扶養者として保険料を負担していなかった人も、後期高齢者医療制度の対象になると、新たに保険料の徴収の対象となり、年額18万円以上の年金受給者は年金から保険料が天引きされます。

ワンポイント

「保険者」「標準報酬月額」「標準賞与額」とは？

保険者：その保険制度を維持・運営する主体

標準報酬月額：毎年4月から6月の給料の平均額を標準報酬月額として、50等級に
　　　　　　　区分された等級から決められる

標準賞与額：支払われた賞与の額（1,000円未満切り捨て）で、年度の
　　　　　　累計額で573万円が上限となる

1 資金計画
2 リスク管理
3 金融資産運用
4 タックスプランニング
5 不動産
6 相続・事業承継

◎ 健康保険における給付の種類と内容

療養の給付（家族療養費）

- 業務外の病気やケガで、診療や投薬、手術などの治療を受けるときの給付
- 給付を受けるときは、医療機関や薬局に被保険者証（健康保険証）を提出し、一定の割合を自己負担する
- 被扶養者は「家族療養費」の給付となるが、給付のしくみは療養の給付と同じ

高額療養費

- 同一月に同一の医療機関における医療費の自己負担額が一定額を超えるとき、その超える額が高額療養費として支払われる。後から請求して超過分を支給してもらう、あるいは事前に保険者に「限度額適用認定証」を交付してもらい、それを提示することで、入院・外来とも、窓口での支払いが自己負担限度額までとなる

自己負担限度額の基準（70歳未満）

標準報酬月額	自己負担限度額
83万円以上	252,600円 ＋（医療費 － 842,000円）× 1%
53〜79万円	167,400円 ＋（医療費 － 558,000円）× 1%
28〜50万円	80,100円 ＋（医療費 － 267,000円）× 1%
26万円以下	57,600円
住民税非課税世帯	35,400円

> 一般的なサラリーマンでは、28〜50万円のゾーンに入る人がもっとも多い

傷病手当金

- 被保険者が病気やケガで仕事を連続して3日以上休み、十分な給料を受けられないとき、4日目から通算1年6カ月間、給付を受けることができる

出産手当金

- 被保険者が出産のため仕事を休み、十分な給料を受けられないとき、出産日以前42日間、出産日後56日間のうちで、仕事を休んだ日数分の金額が支給される

〈傷病手当金・出産手当金の1日当たりの支給額〉

$$1日当たりの支給額 = \frac{支給開始日以前12カ月間の標準報酬月額の平均額}{} ÷ 30日 × 2/3$$

※傷病手当金と出産手当金は、国民健康保険では給付がない

出産育児一時金（家族出産育児一時金）

- 被保険者または被扶養者が出産した場合、1児につき50万円が支給される

09 公的保障❷ 介護保険

高齢で介護が必要になったときの味方が
公的介護保険制度です

　高齢になって介護が必要になったとき（**要介護状態**）に、必要な保険医療サービスや福祉サービスの給付を行うのが**介護保険**です。介護保険で利用できる介護サービスは、訪問介護や通所介護（デイサービス）に限らず、介護用ベッドなどの福祉用具の貸与や特別養護老人ホームへの入所など多岐にわたります。

公的介護保険制度の概要と利用方法

　介護保険の保険者は市区町村です。被保険者は **40 歳以上の人**で、年齢によって第１号被保険者と第２号被保険者に分けられます。

◎ **介護保険の概要**

	第１号被保険者	第２号被保険者
対象者	65歳以上の人	40歳以上65歳未満の人
受給権者	要介護者（１～５の５段階）と要支援者（１、２の２段階）	特定疾病（老化に起因する疾病や末期がんなど）によって要介護者・要支援者になった場合のみ
保険料	市区町村が所得に応じて決定（年金が年額18万円以上の人は年金から天引き）	医療保険の保険料に加算されて納付
自己負担	・原則１割（一定以上所得者は２割または３割）・要介護認定と介護サービス計画（ケアプラン）の作成は無料	

◆ **介護保険の利用方法**

　公的介護保険の給付を受けるには、被保険者（または被保険者の家族など）の申請によって**要介護認定**を受ける必要があります。

　要介護状態とは、身体上または精神上の障害があるために、入浴、排せつ、食事等の日常生活における基本的な動作の全部、または一部に継続的に常時介護を要する状態で、要介護・要支援のいずれかの区分に該当するものをいいます。

◎ 要支援・要介護状態の区分

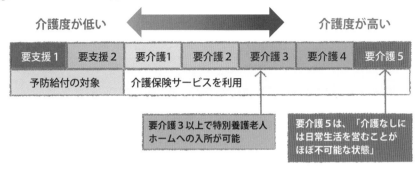

介護度が低い　　⬅➡　　介護度が高い

要支援1	要支援2	要介護1	要介護2	要介護3	要介護4	要介護5
予防給付の対象		介護保険サービスを利用				

要介護3以上で特別養護老人ホームへの入所が可能

要介護5は、「介護なしには日常生活を営むことがほぼ不可能な状態」

◎ 介護保険サービス利用の流れ

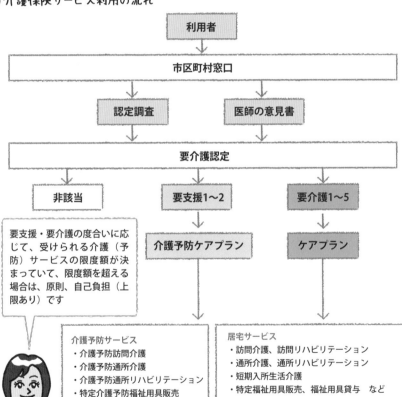

利用者
↓
市区町村窓口
↓
認定調査　　医師の意見書
↓
要介護認定

非該当　　要支援1〜2　　要介護1〜5

要支援・要介護の度合いに応じて、受けられる介護（予防）サービスの限度額が決まっていて、限度額を超える場合は、原則、自己負担（上限あり）です

介護予防ケアプラン　　ケアプラン

介護予防サービス
・介護予防訪問介護
・介護予防通所介護
・介護予防通所リハビリテーション
・特定介護予防福祉用具販売
・介護予防福祉用具貸与　など
地域密着型介護予防サービス
・グループホームなど
住宅改修

居宅サービス
・訪問介護、訪問リハビリテーション
・通所介護、通所リハビリテーション
・短期入所生活介護
・特定福祉用具販売、福祉用具貸与　など
施設サービス
・特別養護老人ホーム（要介護3以上）
・老人保健施設　など
地域密着型サービス
・夜間対応訪問介護、グループホーム　など
住宅改修

1 資金計画

2 リスク管理

3 金融資産運用

4 タックスプランニング

5 不動産

6 相続・事業承継

10 公的保障❸ 労災保険

重要度 ★★☆

業務中や通勤途中のケガや病気に対して
給付される心強い保険制度です

　労災保険（労働者災害補償保険）は、業務上または通勤途上における負傷、疾病、障害、それにともなう介護、死亡に対して給付が行われる労働保険の制度です。保険者は政府で、窓口は労働基準監督署です。正社員だけでなくパートタイム労働者、アルバイト、外国人労働者など、すべての労働者が対象になります。保険料は全額事業主負担で、業種によって保険料率が異なります。

労災保険の給付の対象

　労災保険の給付の対象は、**業務災害**によるものと**通勤災害**によるものがあります。

◆ 業務災害

次の２つの要件を満たしたものが、業務上の災害として認められます。
業務遂行性：労働者が事業主の支配下にある状態
業務起因性：業務と傷病等との間に一定の因果関係があること

◆ 通勤災害

「通勤」とは、住居と就業場所の間を**合理的な経路および方法によって往復**することです。通勤途中で逸脱・中断して私的な行動をした場合は通勤として認められません。ただし、「日用品の購入等最小限度の日常生活上やむを得ない行為」を行う場合は、その行為後も通勤と認められます。

◆ 特別加入制度

　労災保険は労働者の災害を補償する制度であるため、社長や役員、自営業者は適用の対象外です。しかし、中小企業の役員や自営業者は労働者と同じように業務に従事することも多いため、希望によって特別加入ができます。また、海外で行われる事業に派遣される労働者も特別加入の対象になります。

◎ 労災保険の通勤災害

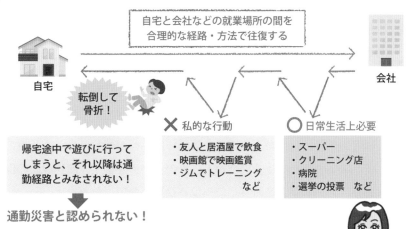

自宅と会社などの就業場所の間を
合理的な経路・方法で往復する

自宅　　　　　　　　　　　　　　　　会社

転倒して
骨折！

帰宅途中で遊びに行って
しまうと、それ以降は通
勤経路とみなされない！

✕ 私的な行動
・友人と居酒屋で飲食
・映画館で映画鑑賞
・ジムでトレーニング
　　　　　　　　など

○ 日常生活上必要
・スーパー
・クリーニング店
・病院
・選挙の投票　など

通勤災害と認められない！

業務災害では無料で医療機関の治療
が受けられますが、通勤災害では
初回のみ200円の負担があります！

◎ 労災保険の給付内容

療養補償給付 （療養給付）	業務災害または通勤災害によって負傷したり、疾病にかかった場合に医療機関で行われる現物給付
休業補償給付 （休業給付）	業務災害または通勤災害による療養のため労働できず、賃金をもらえない場合の給付で、休業4日目から1日につき給付基礎日額の6割が支給される。別途支給される休業特別支給と合わせると8割の支給
傷病補償年金 （傷病年金）	療養補償給付（療養給付）を受ける労働者の傷病が1年6カ月たっても治らず傷病等級1～3級に該当する場合、休業補償給付（休業給付）に代えて支給される
障害補償給付 （障害給付）	業務災害または通勤災害による傷病が治った後も心身に障害が残った場合に支給される
介護補償給付 （介護給付）	常時または随時介護を要する状態にあって、実際に介護を受けた場合、かかった費用が実費で支給される
遺族補償給付 （遺族給付）	労働者が業務災害または通勤災害で死亡した場合、遺族に一時金または年金が支払われる
葬祭料 （葬祭給付）	業務災害または通勤災害によって死亡した労働者の葬儀を行う場合、行った人に対して請求に基づいて支給される

※カッコ内は通勤災害による給付を受ける際の名称

1 資金計画
2 リスク管理
3 金融資産運用
4 タックスプランニング
5 不動産
6 相続・事業承継

11 公的保障❹
雇用保険

重要度 ★★★

雇用保険から給付があるのは
失業したときだけではありません

　雇用保険は、労働者が失業した場合に給付を行ったり、再就職を支援するための制度です。この他にも、育児や介護で働くのが難しい場合や仕事のために必要な職業訓練を受ける場合などにも給付があります。**雇用保険の保険者は政府で、公共職業安定所（ハローワーク）が窓口**になります。

雇用保険の給付の概要

◆ 雇用保険の被保険者と保険料

　雇用保険の被保険者には**一般被保険者**、**高年齢被保険者**などがあります。一般被保険者は 65 歳未満の常用労働者、高年齢被保険者は 65 歳以上の雇用される者が対象です。65 歳以降で新規に雇用された労働者も、高年齢被保険者として雇用保険に加入することができます。また、次の要件を満たせば、パートタイム労働者であっても被保険者になります。

【常用労働者】
- ・1 週間の所定労働時間が 20 時間以上
- ・31 日以上雇用される見込みがある

　雇用保険の保険料は、事業主と労働者が負担しますが、労使折半ではなく、一般の事業では事業主の負担が標準報酬月額の 1,000 分の 9.5、労働者の負担が 1,000 分の 6 となっています。

◆ 求職者給付

　働く意思のある人が、失業の状態にあるときに受けることができるのが**基本手当**です。失業の状態とは、労働の意思および能力があるにもかかわらず職業に就けない状態のことをいいます。基本手当は、65 歳未満の一般被保険者が支給の対象です。

基本手当の給付内容

受給要件：離職前の2年間に、被保険者期間が通算して12カ月以上あること。倒産、解雇および有期雇用契約が更新されなかった場合は、離職前の1年間に、被保険者期間が通算して6カ月以上あること

待期期間：求職の申込みをしてから最初の7日間は待期期間として支給されない。自己都合退職の場合は、さらに2カ月（5年間のうち2回まで。3回目からは3カ月）の給付制限がある

受給期間：離職の翌日から起算して1年間。ただし、受給期間中に病気、ケガ、妊娠・出産などで働くことができなくなった場合は、最長4年まで延長できる

基本手当日額：賃金日額の4.5〜8割
（「賃金日額」については下欄「ワンポイント」で説明）

給付日数：次の2つの表を参照

自己都合・定年退職の場合の給付日数

年齢＼被保険者期間	1年以上 10年未満	10年以上 20年未満	20年以上
全年齢	90日	120日	150日

倒産・解雇・雇止めなどの場合の給付日数

年齢＼被保険者期間	1年未満	1年以上 5年未満	5年以上 10年未満	10年以上 20年未満	20年以上
30歳未満	90日	90日	120日	180日	—
30歳以上35歳未満		120日	180日	210日	240日
35歳以上45歳未満		150日	180日	240日	270日
45歳以上60歳未満		180日	240日	270日	330日
60歳以上65歳未満		150日	180日	210日	240日

ワンポイント

賃金日額とは？

離職した日の直前の6カ月間に支払われた賃金の総額（賞与を除く）を「180」で割って算出した額のことです。基本手当や育児休業給付金、介護休業給付金を計算するときに用いられます。

1 資金計画
2 リスク管理
3 金融資産運用
4 タックスプランニング
5 不動産
6 相続・事業承継

◆ 高年齢求職者給付金

65歳以上の人が離職した場合は、基本手当が給付される一般被保険者とは異なり、被保険者であった期間に応じた一時金が支給されます。

> 給付額：被保険者期間が1年未満 → 基本手当日額の30日分
> 　　　　被保険者期間が1年以上 → 基本手当日額の50日分

◆ 高年齢雇用継続給付

高齢者の雇用の継続を支援・促進することを目的にした給付で、高年齢雇用継続基本給付金と高年齢再就職給付金があります。

	高年齢雇用継続基本給付金	高年齢再就職給付金
支給要件	・雇用保険の被保険者期間が5年以上ある ・60歳以上65歳未満の被保険者 ・60歳以降の賃金が、60歳時点の賃金の75%未満	
支給額	最大で賃金の15%	
対象者	60歳以降継続して雇用される人	60歳以降で、基本手当を受給後、再就職した人
給付期間	60歳から65歳まで給付	基本手当の支給残日数に応じて給付 支給残日数200日以上：2年間 支給残日数100日以上200日未満：1年間

◆ 育児休業給付

原則として1歳未満（要件を満たす場合は最長で2歳未満）の子の育児のために休業する被保険者で、休業開始前の2年間に賃金支払基礎日数が11日以上ある月が12カ月以上ある場合、**男女を問わず**、育児休業給付金の支給を受けることができ、育児休業は2回まで分割できます。

> 給付額：180日間 → 休業開始時賃金日額の67%
> 　　　　それ以降 → 休業開始時賃金日額の50%

父母共に育児休業を取得する場合、
子の年齢が1歳2カ月に達するまで支給されます！

また、2022年10月からは、男性が出生時育児休業（2回まで分割可）を取得した場合、**出生時育児休業給付金**を受給できるようになりました。

1 資金計画

2 リスク管理

3 金融資産運用

4 タックスプランニング

5 不動産

6 相続・事業承継

◆ 介護休業給付

対象となる家族を介護するために休業する被保険者で、休業開始前の2年間に賃金支払基礎日数が11日以上ある月が12カ月以上ある場合、介護休業給付金の支給を受けることができます。

> 給付額：休業開始時賃金日額の67%
> 給付期間：対象となる同一の家族の介護に、最長93日間支給
> （3回まで分割して取得することが可能）

65歳以上の被保険者であっても、支給の対象です！

◆ 教育訓練給付

雇用保険の被保険者（または被保険者であった人）が厚生労働大臣の指定する教育訓練を受講し、それを修了した場合、その教育訓練にかかった費用の一部が支給されます。教育訓練給付には、**一般教育訓練給付**や**専門実践教育訓練給付**などがあります。

また、45歳未満の離職者が初めて専門実践教育訓練を受講する場合、訓練中に基本手当の50%が支給されます（教育訓練支援給付金）。

	一般教育訓練給付金	専門実践教育訓練給付金
対象講座	厚生労働大臣の指定する教育訓練	厚生労働大臣が指定する専門的・実践的な教育訓練
対象者	雇用保険の被保険者期間が3年以上（初めて利用する場合は1年以上）の被保険者。離職後、受講する場合は、退職から受講開始まで1年以内	雇用保険の被保険者期間が3年以上（初めて利用する場合は2年以上）の被保険者。離職後、受講する場合は、退職から受講開始まで1年以内
支給額	受講費用の20%（上限10万円）	受講費用の50%（年間上限40万円）。資格取得後、就職につながった場合は20%（年間上限16万円）を追加支給

12 公的年金❶ 公的年金制度のしくみ

重要度 ★★★

公的年金制度の歴史としくみを
ここでしっかりと押さえておきましょう

　わが国の年金制度の歴史は、明治初期の軍人・官吏を対象とした恩給制度に始まります。民間の労働者を対象とした公的年金制度は、1940（昭和15）年に施行された「船員保険」が最初になります。その後、現在の厚生年金保険の前身になる「労働者年金保険」がスタートしました。

　自営業者や自由業者などが加入する「国民年金」が始まったのは 1961（昭和 36）年 4 月で、このときはまだサラリーマンの被扶養配偶者や学生は任意加入でしたが、国民皆年金が実現した記念すべき年ともいえます。

1 階部分の国民年金は、すべての人が強制加入

　1986 年 4 月に公的年金制度の大改正が行われ、各年金制度に共通の基礎年金が導入されました。会社員や公務員の被扶養配偶者も第 3 号被保険者として強制加入となったことで、現在の年金制度は、国民年金（基礎年金）が基礎部分となり、会社員などはさらに厚生年金保険に加入する構造になっています。これが、現在の「2 階建て年金」といわれる理由です。

〈公的年金制度の歴史〉
1940 年 6 月　　「船員保険法」施行
1942 年 6 月　　「労働者年金保険法」施行
1961 年 4 月　　「国民年金法」全面施行
　　　　　　　　　わが国で初めて国民皆年金が実現！
1986 年 4 月　　基礎年金制度の導入
　　　　　　　　　第 3 号被保険者も強制加入に！
1991 年 4 月　　20 歳以上の学生の強制加入
1997 年 1 月　　基礎年金番号制度の導入
2003 年 4 月　　総報酬制の導入
　　　　　　　　　給与だけでなく賞与からも同じ料率で保険料を徴収！
2017 年 8 月　　受給資格期間を 10 年に短縮

公的年金制度の全体像

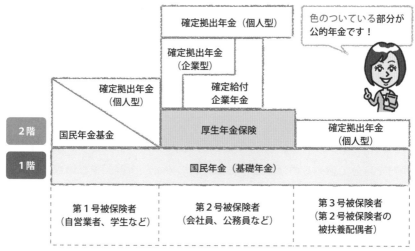

色のついている部分が公的年金です！

給付の種類	国民年金	厚生年金保険
老齢給付	老齢基礎年金 （付加年金）	老齢厚生年金
障害給付	障害基礎年金	障害厚生年金 障害手当金
遺族給付	遺族基礎年金 寡婦年金、死亡一時金	遺族厚生年金

公的年金の給付の種類

ワンポイント

公的年金制度の給付は3種類！

公的年金制度による給付は、老齢給付、障害給付、遺族給付の3種類があります。老齢給付と障害給付は被保険者本人が受け取り、遺族給付は被保険者の遺族が受け取る給付です。いずれの給付も、国民年金のみの加入か、厚生年金保険にも加入しているかによって、受け取り方が変わってきます。

1 資金計画
2 リスク管理
3 金融資産運用
4 タックスプランニング
5 不動産
6 相続・事業承継

◆ 国民年金の被保険者

　国民年金には、加入が義務づけられている強制加入被保険者として、**第1号被保険者、第2号被保険者、第3号被保険者**という3つの種別があります。

　外国に住む日本人のように、国民年金への加入義務はないが、任意で加入する人のことを**任意加入被保険者**といいます。

◆ 国民年金の保険料

　国民年金の保険料は、種別によって支払い方が異なります。国民年金の保険料を自分で納めるのは第1号被保険者のみで、所得が少ないなど保険料の支払いが困難な人のために、保険料の免除・納付猶予制度が設けられています。

　なお、学生の納付特例と納付猶予制度では、後から保険料を納めない限り、老齢基礎年金に反映されませんが、受給資格期間には含めることができます。

第1号被保険者の保険料
- 月額1万6,980円（2024年度）
- 毎年4月に保険料の見直しを行う

第2号被保険者の保険料
- 厚生年金保険制度が国民年金に拠出金（きょしゅつ）を支払っているため、国民年金保険料を本人が自分で別途納める必要はない

〈厚生年金の保険料〉
毎月の保険料 ＝ 標準報酬月額 ×18.30%
　※標準報酬月額の上限：65万円
賞与の保険料 ＝ 標準賞与額 ×18.30%
　※標準賞与額の上限：1回の賞与について150万円

第3号被保険者の保険料
- 保険料の負担はない（制度全体で拠出する）

> 第1号被保険者の支払いは、月払いだけでなく、前納（半年払い、年払い、2年払い）があり、現金だけでなく、口座振替やクレジットカード払いも可能です！

> 第2号被保険者の
> 保険料は、
> 事業主と被保険者本人が
> 半分ずつ負担する
> （労使折半）

◎ 国民年金の被保険者

種別	対象者	年齢要件	国内居住要件
第1号被保険者	自営業者、学生、無職など、第2号被保険者、第3号被保険者以外の人	あり (20歳以上60歳未満)	あり
第2号被保険者	会社員、公務員など、被用者年金の被保険者	なし	なし
第3号被保険者	専業主婦（夫）など、第2号被保険者の被扶養配偶者	あり (20歳以上60歳未満)	あり

◎ 国民年金保険料免除・猶予の場合の年金額

		対象者	老齢基礎年金への反映
法定免除		・障害基礎年金の受給権者 ・生活保護法による生活扶助を受けている人 　→届出により保険料の全額を免除される	1/2
申請免除	全額免除	・前年の所得が一定以下の人 　→申請をして認められた場合、保険料の全額、 　　または一部が免除される	1/2
	3/4免除		5/8
	半額免除		3/4
	1/4免除		7/8
学生の納付特例		・20歳以上の学生（第1号被保険者）で前年の所得が一定以下の人 　→申請によって保険料の納付が猶予される	反映なし
納付猶予制度		・50歳未満の第1号被保険者で本人および配偶者の前年の所得が一定以下の人 　→申請によって保険料の納付が猶予される	反映なし

◆ 任意加入被保険者

　国民年金への加入義務はありませんが、任意で加入する人のことを**任意加入被保険者**といいます。60歳時点で老齢基礎年金の受給額が満額に達しない場合などに、65歳になるまで任意加入して、満額に近づけることができます。また、海外に在住する日本国籍を持つ人も任意加入できます。

〈任意加入被保険者〉
- 日本国内に住所がある60歳以上65歳未満の人で、国民年金の保険料の納付月数が480月（40年）未満の人
- 年金の受給資格期間を満たしていない65歳以上70歳未満の人
- 外国に居住する日本人で、20歳以上65歳未満の人

1 資金計画

2 リスク管理

3 金融資産運用

4 タックスプランニング

5 不動産

6 相続・事業承継

13 公的年金❷
老齢給付

重要度 ★★★

老後の生活を支える柱である
老齢給付について押さえておきましょう

　公的年金の給付には、老齢給付、障害給付、遺族給付の３種類があります。中でも老齢給付は老後の生活の柱になるものであり、リタイアメントプランには欠かせません。老齢給付には、加入していた年金制度によって老齢基礎年金と老齢厚生年金があります。

老齢基礎年金の概要

　老齢基礎年金は、**受給資格期間が10年以上ある人**が、65歳から受給することができます。

〈受給資格期間〉

以前は25年でしたが、2017年8月から10年に短縮されました！

| 保険料
納付済期間 | + | 保険料
免除期間 | + | 合算対象期間 | ≧ 10年 |

保険料免除期間：**第1号被保険者で保険料の納付を免除された期間**

合算対象期間：**学生の納付特例の適用を受けた期間などは、老齢基礎年金の額には反映されないが、受給資格期間には含める**

　老齢基礎年金の支給額（満額）は、**816,000円**（2024年度の年額。改定率の見直しにともない、毎年変わる）ですが、加入期間が短い人や保険料の免除期間がある人などは、保険料を納付（または免除）した期間に応じて、受給できる年金の額が少なくなります。

　原則として、老齢基礎年金を受け取ることができるのは65歳からですが、**繰上げ支給**を行うことで60歳から受給することも可能です（ただし、受給額は減少）。また、**繰下げ支給**を行うことで最長75歳まで受給開始時期を遅らせることができます（受給額は増加）。

老齢基礎年金の支給額（満額）

$$老齢基礎年金額（満額）= 780,900 円 × 改定率$$

※改定率は、消費者物価指数を基に毎年見直される
※2024年度の改定率は1.045で、満額は816,000円

保険料免除期間等がある場合の受給額

$$満額の年金額 × \frac{保険料納付済月数 + 全額免除月数 × \frac{1}{2} + \frac{3}{4}免除月数 × \frac{5}{8} + 半額免除月数 × \frac{3}{4} + \frac{1}{4}免除月数 × \frac{7}{8}}{480月（＝加入可能年数40年間×12月）}$$

老齢基礎年金の繰上げ支給・繰下げ支給

繰上げ支給	最長で5年間繰上げが可能（60歳から受給）	1カ月繰り上げるごとに0.4%減額
繰下げ支給	最長で10年間繰下げが可能（75歳から受給）	1カ月繰り下げるごとに0.7%増額

例 5年間繰り上げて60歳から受給した場合：0.4% × 60月（5年）　= 24%→年金額は24%減額
10年間繰り下げて75歳から受給した場合：0.7% × 120月（10年）= 84%→年金額は84%増額

※老齢基礎年金を繰り上げると年金額が減額になるだけでなく、障害基礎年金や寡婦年金が受給できないなどのデメリットがある

2022年4月から、繰下げ支給は75歳まで可能になりました！

付加年金とは？

付加年金　月額400円を国民年金保険料に上乗せして支払うことで、老齢基礎年金の受給額を増やすことができる制度で、第1号被保険者のみ加入ができる

$$付加年金額（年額）= 200 円 × 付加保険料納付期間（月数）$$

1 資金計画
2 リスク管理
3 金融資産運用
4 タックスプランニング
5 不動産
6 相続・事業承継

老齢厚生年金の概要

厚生年金保険からの老齢給付は、60歳から65歳になるまでに支給される**特別支給の老齢厚生年金**と、65歳から支給される**老齢厚生年金**の2つがあります。1986年の改正で、原則、老齢給付は65歳支給開始となりましたが、それ以前の老齢給付は60歳からの支給だったため、当面の間、特別支給の老齢厚生年金を支給することになっています。

◆ 特別支給の老齢厚生年金

老齢基礎年金の受給資格期間を満たしたうえで、厚生年金の被保険者期間が**1年以上**ある人が受給することができます。ただし、受給開始年齢は少しずつ引き上げられています。特別支給の老齢厚生年金には定額部分と報酬比例部分がありましたが、年金の支給開始年齢を引き上げた結果、1961年4月2日以降生まれ（男性の場合）では、特別支給の老齢厚生年金の支給はありません。報酬比例部分の年金額は、次の計算式で算出した額になります。

〈特別支給の老齢厚生年金の年金額〉

報酬比例部分 = ① + ②

① = 平均標準報酬月額 × $\dfrac{7.125}{1,000}$ × 2003年3月31日以前の被保険者期間の月数

② = 平均標準報酬額 × $\dfrac{5.481}{1,000}$ × 2003年4月1日以降の被保険者期間の月数

◆ 老齢厚生年金

国民年金の受給資格期間を満たし、厚生年金の被保険者期間が**1カ月以上**ある人が65歳から受給することができます。老齢厚生年金の年金額は、報酬比例部分の額に経過的加算の額を加えた額になります。

〈経過的加算の額〉　　　　　　　　　　　　　※毎年変更される

経過的加算の額 = ① − ②

① = 1,701円※ × 被保険者期間の月数（480月が上限）

② = 816,000円※ × $\dfrac{\text{1961年4月以降で20歳以上60歳未満の厚生年金の被保険者期間の月数}}{\text{480月}}$

1 資金計画
2 リスク管理
3 金融資産運用
4 タックスプランニング
5 不動産
6 相続・事業承継

◎ **特別支給の老齢厚生年金の支給開始時期の引上げスケジュール**

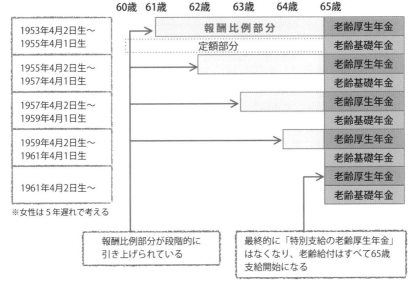

※女性は5年遅れで考える

報酬比例部分が段階的に
引き上げられている

最終的に「特別支給の老齢厚生年金」
はなくなり、老齢給付はすべて65歳
支給開始になる

定額部分 ── 以前は老齢基礎年金に相当する定額部分が支給されてい
たが、支給開始年齢を引き上げた結果、定額部分の支給
はなくなった

◎ **老齢厚生年金の繰上げ支給・繰下げ支給**

老齢厚生年金も老齢基礎年金と同様に、繰上げ支給と繰下げ支給が可能

繰上げ支給の場合 ➡ 月数 × 0.4%が減額
※繰上げは、老齢基礎年金の繰上げと同時に行う

繰下げ支給の場合 ➡ 月数 × 0.7%が増額
※繰下げは、老齢基礎年金の繰下げとは別に行える

 ワンポイント

「ねんきん定期便」は必ずチェック！

毎年、誕生月に日本年金機構から公的年金の加入記録や老齢年金の年金見込額が記
載された「ねんきん定期便」が届いているはずです。必ず中身を
確認し、誤りや記載漏れがあれば、年金加入記録回答票に記入し
て返送するか、最寄りの年金事務所へ行きましょう！

◆ 加給年金額

老齢厚生年金の受給権者に65歳未満の配偶者がいる場合や18歳未満の子どもがいる場合には**加給年金額**が支給されます。支給を受けるには次のような要件を満たす必要があります。

- 厚生年金保険の被保険者期間の月数が240月以上
- 生計維持関係にある65歳未満の配偶者がいる
- 18歳に達する日以降の最初の3月31日までの間にある子がいる
  （障害のある子の場合は20歳未満）

配偶者加給年金額は、配偶者が65歳になると支給停止になります。年金額の減少を補うため、配偶者の生年月日に応じて**振替加算**が配偶者の老齢基礎年金に加算されますが、振替加算が支給されるのは1966年4月1日生まれまでの人に限られます。

◆ 在職老齢年金

60歳以降も厚生年金保険の適用事業所で働く場合、年金の額と給与等の額によって厚生年金の支給額が減額されることがあります。このしくみを**在職老齢年金**といいます。自営業や自由業などで厚生年金保険に加入しない場合は、在職老齢年金は適用されません。また、アルバイトや短時間勤務などで厚生年金に加入しない場合も適用されません。

在職老齢年金は厚生年金のしくみなので、減額の対象は報酬比例部分のみで、65歳から支給される老齢基礎年金は満額支給されます。現在は、60歳台前半の在職老齢年金も50万円を基準に年金額が減額されます。

 ワンポイント

離婚した場合の老齢給付はどうなるか

離婚時には、当事者の合意または裁判手続きにより、年金を分割できる制度があります。ただし、対象は婚姻期間中の厚生年金部分のみです。また、2008年以降の第3号被保険者期間は、夫婦間の合意がなくても、請求すれば相手方の厚生年金部分の2分の1を上限に分割できます。

1 資金計画

2 リスク管理

3 金融資産運用

4 タックスプランニング

5 不動産

6 相続・事業承継

◎ 夫婦の公的年金受給の流れ

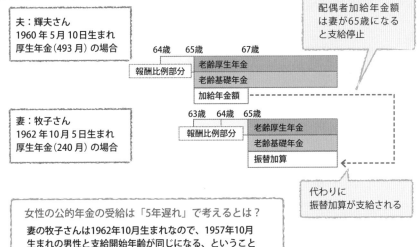

夫：輝夫さん
1960年5月10日生まれ
厚生年金（493月）の場合

配偶者加給年金額
は妻が65歳になる
と支給停止

64歳　65歳　　67歳

報酬比例部分

老齢厚生年金

老齢基礎年金

加給年金額

妻：牧子さん
1962年10月5日生まれ
厚生年金（240月）の場合

63歳　64歳　65歳

報酬比例部分

老齢厚生年金

老齢基礎年金

振替加算

代わりに
振替加算が支給される

女性の公的年金の受給は「5年遅れ」で考えるとは？

妻の牧子さんは1962年10月生まれなので、1957年10月
生まれの男性と支給開始年齢が同じになる、ということ

◎ 在職老齢年金のしくみ

① 年金の基本月額	老齢厚生年金年額 ÷ 12カ月
② 総報酬月額相当額	標準報酬月額 ＋ 1年間の標準賞与額 ÷ 12カ月

60歳台（60～69歳）

① ＋ ② ≦ 50万円 の場合

➡ 年金の減額はなく全額支給される

① ＋ ② ＞ 50万円 の場合

➡ 50万円を超えた額の2分の1の額の年金が減額（支給停止）される

70歳以上

60歳台の在職老齢年金と同じしくみが適用される

70歳以降は、老齢厚生年金の
適用事業所で働いていても
保険料の徴収はありません

公的年金❸

14 障害給付

障害の状態になったときの
給付内容と要件を知っておきましょう

　障害給付は、病気やケガなどで障害が残った場合に受給できる年金です。受給資格期間を満たせば、一定の年齢から受け取れる老齢給付と違い、支給要件があります。障害給付には、**障害基礎年金**と**障害厚生年金**があります。

障害給付の概要

　障害給付の受給要件において、重要な用語の定義を確認しておきましょう。

初診日：障害の原因である病気やケガで初めて医師にかかった日。初診日にどの
　　　　年金制度に加入していたかによって受給できる年金の種類が決まる
障害認定日：障害等級を判定する基準となる日。障害給付は障害等級によって受
　　　　　　給できる年金額が変わってくる
治ったとき：障害の状態のまま症状が安定し、それ以上は改善されない状態

◆障害基礎年金の年金額　　　　　　　　　　　　　　　　※毎年変更される

　障害基礎年金には、障害等級1級と障害等級2級があります。

障害等級1級：816,000円※ **×1.25**　　　　　　**障害等級2級：816,000円**※

　障害基礎年金には子の加算があり、該当する子どもがいる場合2人までは1人当たり234,800円※、3人目からは78,300※円が加算されます。

◆障害厚生年金の年金額

　障害厚生年金では、障害等級1級から3級まで3等級があります。

障害等級1級：報酬比例部分の年金額 × 1.25 ＋ 配偶者加給年金額
障害等級2級：報酬比例部分の年金額 ＋ 配偶者加給年金額
障害等級3級：報酬比例部分の年金額

◎ 障害基礎年金の支給要件と保険料納付要件

支給要件	・初診日において被保険者であること、または被保険者であった人で日本国内に住所を有し、60歳以上65歳未満であること ・障害認定日に、その傷病によって障害等級1級または2級に該当する障害の状態にあること
保険料納付要件	・初診日の前々月までの被保険者期間のうち、保険料を滞納していた期間が3分の1未満であること ・ただし、初診日が2026年3月31日までの傷病については、初診日の前々月までの1年間に保険料の滞納期間がないこと

◎ 障害厚生年金の支給要件と保険料納付要件

支給要件	・初診日に厚生年金保険の被保険者であったこと ・障害認定日に、その傷病によって障害等級1級、2級または3級に該当する障害の状態にあること
保険料納付要件	・初診日の前々月までの被保険者期間のうち、保険料を滞納していた期間が3分の1未満であること ・ただし、初診日が2026年3月31日までの傷病については、初診日の前々月までの1年間に保険料の滞納期間がないこと

> 障害厚生年金には、障害等級1～3級のほかに、より障害の程度が軽い障害手当金があります。障害手当金は、報酬比例部分の年金額の2倍の額が一時金で支給されます

◎ 障害厚生年金の報酬比例部分の年金額

報酬比例部分の年金額 = ① + ②

$$① = 平均標準報酬月額 \times \frac{7.125}{1,000} \times \begin{array}{l}2003年3月31日以前の\\被保険者期間の月数\end{array}$$

$$② = 平均標準報酬額 \times \frac{5.481}{1,000} \times \begin{array}{l}2003年4月1日以降の\\被保険者期間の月数\end{array}$$

※被保険者期間が300月に満たない場合は、300月として計算する

1 資金計画

2 リスク管理

3 金融資産運用

4 タックスプランニング

5 不動産

6 相続・事業承継

15 公的年金❹

遺族給付

公的年金の被保険者が死亡したときの
残された家族への給付です

　公的年金の被保険者または被保険者であった人が死亡した場合、遺族の生活を保障するために**遺族給付**があります。遺族給付には**遺族基礎年金**と**遺族厚生年金**の2種類がありますが、遺族基礎年金と遺族厚生年金では受給できる遺族の範囲が異なるので注意が必要です。

遺族給付の概要

◆ 遺族基礎年金

　遺族基礎年金を受給できるのは、「死亡した人に生計を維持されていた**子、または子のある配偶者**」です。年金でいう「子」とは、18歳に達する日以降の最初の3月31日までの間にある子（障害等級1級、2級に該当する場合は20歳未満）です。この要件によって、国民年金に加入していた人が死亡しても、遺族基礎年金を受給できないケースがあります。保険料の掛け捨てを防止するために、**寡婦年金**や**死亡一時金**の制度があります。

寡婦年金	老齢基礎年金の受給資格期間（10年）を満たした第1号被保険者の夫が年金給付を受けることなく死亡した場合、遺族である妻が60歳から65歳までの間受給できる 受給額 = 夫の老齢基礎年金額 × 3/4
死亡一時金	第1号被保険者として一定期間（36月以上）、保険料を納付した人が死亡して、遺族が遺族基礎年金を受給できない場合に受給できる 受給額 = 保険料納付済期間によって異なる（最低額：12万円）

◆ 遺族厚生年金

　遺族厚生年金を受給できる遺族は、死亡した人に生計を維持されていた①**配偶者・子**、②**父母**、③**孫**、④**祖父母**で、上位順位者から先に受給します。

　夫、父母、祖父母は本人の死亡日に55歳以上である人に限られ、60歳以降に受給できます。

◎ 遺族基礎年金の受給要件など

受給要件	①国民年金の被保険者が死亡したとき ②または、被保険者であった人で日本国内に住所を有する60歳以上65歳未満の人が死亡したとき ③受給資格期間が25年以上である老齢基礎年金の受給権者が死亡したとき ④受給資格期間が25年以上である老齢基礎年金の受給資格期間を満たしている人が死亡したとき ※上記①②の要件については保険料納付要件を満たしている必要がある
保険料納付要件	・死亡した日の前々月までの被保険者期間のうち、保険料を滞納していた期間が3分の1未満であること ・死亡日が2026年3月31日までの場合は、死亡日の前々月までの1年間に保険料の滞納期間がないこと
年金額 ※毎年変わる	816,000円＋子の加算 ※子の加算…子2人まで：234,800円／1人 　　　　　　　子3人目以降：78,300円／1人

> 遺族基礎年金は「子どもがいること」が受給の条件

受給要件	短期要件	①厚生年金の被保険者が死亡したとき ②厚生年金の被保険者期間中に初診日がある傷病で、初診日から5年を経過する日までに死亡したとき ③障害等級1級または2級の障害厚生年金の受給権者が死亡したとき ※①②については、遺族基礎年金と同様の保険料納付要件を満たしている必要がある
	長期要件	④受給資格期間が25年以上である老齢厚生年金の受給権者または老齢厚生年金の受給資格を満たした人が死亡したとき
年金額		Ⓐ 平均標準報酬月額 × $\dfrac{7.125}{1,000}$ × 2003年3月31日以前の被保険者期間の月数 Ⓑ 平均標準報酬額 × $\dfrac{5.481}{1,000}$ × 2003年4月1日以降の被保険者期間の月数 年金額 ＝（Ⓐ＋Ⓑ）× 3/4 ※受給要件①～③に該当する場合、被保険者期間の月数が300月に満たないときは300月として計算する

◎ 中高齢寡婦加算

厚生年金保険に加入していた夫が死亡したとき…

❶ 40歳以上65歳未満の妻

❷ 40歳未満だった子のある妻が遺族基礎年金を受けられなくなった時点で40歳以上だった場合

⬇

❶も❷も、妻が65歳になるまで、中高齢寡婦加算が支給される

※遺族基礎年金を受給している間は、中高齢寡婦加算を受け取ることはできない

1 資金計画
2 リスク管理
3 金融資産運用
4 タックスプランニング
5 不動産
6 相続・事業承継

併給調整

重要度 ★★☆

例外的に、種類の異なる年金を
2つ以上受け取れる場合があります

　公的年金制度では、原則として1人1年金と決められています。現在の年金制度は基礎年金と厚生年金保険の2階建てのセットになっているので、1階部分の老齢基礎年金と一緒に受け取れるのは老齢厚生年金、障害基礎年金と一緒に受け取れるのは障害厚生年金となります。公的年金制度は、個人の最低限の生活を保障するために設けられた制度であり、複数の年金を同時に受け取ると過剰に給付を受けることになるからです。ただし、老齢基礎年金と遺族厚生年金の併給（へいきゅう）など、いくつかの例外があります。

年金の併給調整ができる例外

◆ 障害基礎年金と老齢厚生年金／障害基礎年金と遺族厚生年金

　障害基礎年金を受給している間は、第1号被保険者期間の国民年金保険料が免除となるため、老齢基礎年金と老齢厚生年金を受給しても障害基礎年金の額よりも低くなるケースがあります。そこで、納付した厚生年金保険料が年金額に反映されるように、**障害基礎年金と老齢厚生年金、障害基礎年金と遺族厚生年金の併給が可能**になっています。

◆ 遺族厚生年金と老齢厚生年金

　老齢厚生年金を受給する権利のある人が、会社員だった配偶者に先立たれたというケースでは、老齢厚生年金だけでなく遺族厚生年金の受給権も発生することがあります。この場合は、**1階部分は老齢基礎年金を受給し、2階部分は、老齢厚生年金と遺族厚生年金を比較して多いほうの年金を受給する**ことができます。また、老齢厚生年金の半額と遺族厚生年金の3分の2の額を合計した金額を受給することもできます。

　ただし、現在の制度では老齢厚生年金の受給が優先し、差額の遺族厚生年金を受給します。

1 資金計画

2 リスク管理

3 金融資産運用

4 タックスプランニング

5 不動産

6 相続・事業承継

◎ 公的年金の併給調整

原則：1人1年金	2階部分	老齢厚生年金	障害厚生年金	遺族厚生年金
	1階部分	老齢基礎年金	障害基礎年金	遺族基礎年金

例外
- 障害基礎年金と老齢厚生年金 の併給調整
- 障害基礎年金と遺族厚生年金

2階部分	老齢厚生年金	遺族厚生年金
1階部分	障害基礎年金	障害基礎年金

※併給調整ができるのは、65歳以降のみ

- 遺族厚生年金と老齢厚生年金の併給調整

2階部分	老齢厚生年金	遺族厚生年金	遺族厚生年金×2/3 老齢厚生年金×1/2
1階部分	老齢基礎年金	老齢基礎年金	老齢基礎年金

※併給調整ができるのは、65歳以降のみ
※まず老齢厚生年金を受給したうえで、遺族厚生年金の額の
ほうが多い場合は、その差額の給付を受ける

> 遺族厚生年金は、本人が受け取る老齢厚生年金の3/4の額です。
> そのため、遺族厚生年金×2/3は、3/4×2/3＝6/12。
> つまり、遺族厚生年金の2/3は、老齢厚生年金の1/2の額になります

 ワンポイント

公的年金と労災保険の給付を同時に受け取る場合

業務災害または通勤災害で死亡した場合、遺族は労災保険から遺族年金が支給され、
同時に公的年金からは遺族給付を受けられます。このケースでは、
労災保険の遺族年金が15％程度減額されたうえで両方同時に受給
することが可能です。

17 企業年金等

老後の生活をより安定させるために
公的年金に上乗せする年金制度です

　企業年金は、**公的年金の上乗せとして企業が行っている年金制度**です。

　企業年金には、大きく分けて確定給付型（かくていきゅうふがた）と確定拠出型（かくていきょしゅつがた）があります。確定給付型は、あらかじめ給付される年金額が決まっているタイプ、確定拠出型は、決まった額の掛金を拠出して運用次第で受け取る年金額が変わってくるタイプです。今話題のiDeCo（イデコ）は、確定拠出型の年金制度です。

◆ 確定給付型年金

　確定給付型年金には、**厚生年金基金**や**確定給付企業年金**があります。

　厚生年金基金は、厚生年金保険の一部を国に代わって運用し、さらに独自に上乗せの運用を行うものですが、代行部分が積み立て不足になっている「代行割れ」が問題となり、2014年4月以降、厚生年金基金の新設は認められていません。

　確定給付企業年金には、**規約型**と**基金型**があります。規約型は、労使合意の年金規約に基づいて外部機関に年金資産の運用・給付を任せる形態です。基金型は、企業とは別の法人格の基金を設立して、年金資産の管理・運用・年金給付を行うものです。

◆ 確定拠出年金

　一定の掛金を拠出するタイプの年金である確定拠出年金は、**企業型年金**と個人型年金（iDeCo）の2つに分けられます。**企業型年金では、原則、企業が掛金を拠出し、加入者（従業員）が運用を行います。個人型年金では、加入者が自ら掛金を拠出して運用します。**個人型年金は、自営業者や企業型年金がない企業の従業員が対象でしたが、2017年1月から、誰でも加入できるようになりました。

◆ 自営業者等のための年金制度

　公的年金制度では、自営業者などの第1号被保険者は国民年金にしか加入

1 資金計画

2 リスク管理

3 金融資産運用

4 タックスプランニング

5 不動産

6 相続・事業承継

していないため、会社員などと比べると老齢給付の額が少なくなってしまいます。そのため、自営業者等の年金制度として**国民年金基金**があります。また、**中小企業退職金共済制度**は中小企業の従業員の退職金制度、**小規模企業共済**は中小企業の役員や個人事業主の退職金制度です。

◎ 企業年金等の概要と個人型年金の拠出限度額

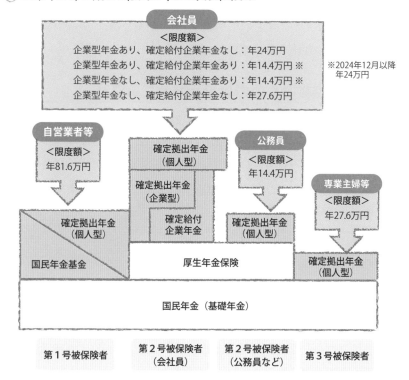

ワンポイント

確定拠出年金のポイント

企業型年金：確定拠出年金を導入している企業の従業員が加入できる
個人型年金：自営業者、会社員、公務員、専業主婦（第3号被保険者）などが加入できる
・加入できるのは、企業型年金は70歳、個人型年金は最長65歳になるまで
・通算の加入期間が10年以上あれば60歳以降、老齢給付の受給ができる
・給付には、老齢給付、障害給付、死亡一時金、脱退一時金などがある

18 中小法人の資金計画

法人には、決算期に貸借対照表や損益計算書などの
決算書類を作成する義務があります

　法人は、それぞれの決算期に決算を行い、**貸借対照表**や**損益計算書**などの決算書を作成することが定められています。上場企業では、このほかにキャッシュフロー計算書の作成も義務づけられています。

貸借対照表や損益計算書の概要を知っておこう

　貸借対照表は、**期末日などのある時点における企業の財政状態を表す決算書類**です。企業会計は、「資産＝負債＋純資産」の等式で成り立っており、貸借対照表では、右側（貸方）に負債と純資産を、左側（借方）に資産を載せることで、企業がどのように資金を調達（負債）し、それをどのような資産として運用しているかがわかります。

　損益計算書では、**企業の一会計期間の経営成績**がわかります。売上高から、**売上総利益、営業利益、経常利益、税引前当期純利益、当期純利益**などを計算します。

　キャッシュフロー計算書は、営業活動でどれだけのキャッシュを獲得し、それを投資や財務において有効に活用したかを表すもので、**①営業活動によるキャッシュフロー、②投資活動によるキャッシュフロー、③財務活動によるキャッシュフローの3つ**からなっています。

中小法人の資金調達の方法

　事業を行うためには資金を調達することが必要となります。中小法人の資金調達の方法には、**株式や私募債を発行する**直接金融と、金融機関から**手形借入、証書貸付、手形割引、インパクトローン、ABLなどを利用して融資を受ける**間接金融があります。信用保証制度は、中小企業者が金融機関から融資を受ける際に信用保証協会がその債務を保証する制度です。

1 資金計画

2 リスク管理

3 金融資産運用

4 タックスプランニング

5 不動産

6 相続・事業承継

◎ 貸借対照表の概要

(単位：百万円)

資産の部		負債の部	
流動資産	15,000	流動負債	30,000
固定資産	52,500	固定負債	26,000
		負債合計	56,000
		純資産の部	
		株主資本	10,000
		評価・換算差額等	1,000
		新株予約権	500
		純資産合計	11,500
資産合計	67,500	負債・純資産合計	67,500

1年以内に現金化できるものは流動資産、それ以外のものは固定資産に分けて表示する

流動負債は1年以内に返済義務のある負債、それ以外は固定負債に分ける

貸借対照表では、「資産合計」の額と「負債・純資産合計」の額は一致します

◎ 損益計算書の概要
(単位：百万円)

売上高	70,000
売上原価	52,000
売上総利益	18,000
販売費及び一般管理費	15,000
営業利益	3,000
営業外収益	400
営業外費用	2,400
経常利益	1,000
特別利益	100
特別損失	300
税引前当期純利益	800
法人税・住民税及び事業税	300
当期純利益	500

売上総利益 ← 売上高－売上原価

営業利益 ← 売上総利益－販売費及び一般管理費

経常利益 ← 営業利益＋営業外収益－営業外費用

税引前当期純利益 ← 経常利益＋特別利益－特別損失

当期純利益 ← 税引前当期純利益－法人税・住民税及び事業税

企業の利益には、いろいろな種類があります！

19 成年後見制度

意思能力や判断能力が不十分な人の
権利を守る制度です

　成年後見制度は、知的障害や認知症などで意思能力や判断能力が不十分な人を支援し、その権利を擁護するための制度です。「自己決定の尊重」や「残存能力の活用」、「ノーマライゼーション」（障害者や高齢者が他の人々と等しく生きる社会・福祉環境の実現を目指すこと）は国際的な流れとなっており、それらの考えを取り入れた制度です。

成年後見制度の概要

　成年後見制度には、**法定後見制度**と**任意後見制度**があります。

◆ 法定後見制度

　法定後見制度は、知的障害などで判断能力が不十分な人を支援するもので、本人の判断能力により、**後見**、**保佐**、**補助**の３種類に区分されます。現に判断能力が不十分である人に対して、一定の申立権者が申し立てることで、家庭裁判所が保護者である成年後見人、保佐人、補助人を選任します。保護者がつけられると、日用品の購入等を除き、本人だけでは法律行為ができなくなります。保護者には、本人の行った行為を取り消す**取消権**や、本人を代理して行為を行う**代理権**などがあります。

◆ 任意後見制度

　任意後見制度は、判断能力が十分でなくなった場合に備えて、本人自身が任意後見契約によって任意後見人を選任しておくものです。任意後見人は代理権を行使できますが、同意権、取消権はありません。

　任意後見契約は、必ず**公正証書**によって行うことが定められており、契約の効力は家庭裁判所によって任意後見監督人が選任されたときから生じます。任意後見人の資格には、法律上の制限はなく、法人を後見人に選任したり、複数の後見人を立てることもできます。

第 2 章

リスク管理

この章では、生命保険や損害保険、医療保険などの保険商品について学習します。それぞれの保険商品の種類と特徴、またどんなときに保険金や給付金を受け取ることができるのかを理解しましょう。支払った保険料・受け取った保険金と税金の関係も試験での重要項目です。その他、保険制度全体のしくみや保険会社が破綻した場合のセーフティネットもよく出題されます。

01 生命保険のしくみ

重要度 ★★★

生命保険の役割やしくみ、基本用語を
しっかり押さえておくのがポイントです！

「一家の大黒柱に万が一のことがあったら……」。不測の事態は誰にでも起こり得るものです。そうしたときに、**経済的に困窮せずに家族が暮らしていける**ようにするのが生命保険の役割です。

生命保険は、どのようなときに保険金を受け取ることができるかによって、死亡保険、生存保険、生死混合保険の3つに分けられます。

生命保険の役割と保険料のしくみ

生命保険の基本的な考え方は、助け合い（相互扶助（そうごふじょ））です。

たとえば、一家の大黒柱にもしものことがあった場合、家族が生活するために3,000万円が必要だとします。それに備えて毎月10万円ずつ貯金をしても、3,000万円を準備するためには25年かかります。しかし、生命保険に加入すれば、すぐに3,000万円の保障を準備できます。

◆ 生命保険の保険料

生命保険では、加入者が保険料を支払い、保険事故（契約で定められた死亡や高度障害など）が起こったときに、保険金を受け取ることができます。

生命保険の保険料は、**大数（たいすう）の法則や収支相等（しゅうしそうとう）の原則**といった考え方の下、①予定死亡率、②予定利率、③予定事業費率の3つの基礎率によって算出されます。

◎ 3つの基礎率

①予定死亡率	統計によって算出した年齢・性別ごとの死亡率
②予定利率	運用によって得られる収益の割合
③予定事業費率	保険会社の運営上、必要な経費の割合

予定死亡率と予定事業費率が高いほど保険料は高くなり、予定利率が高いほど保険料は安くなります！

◎ 生命保険の種類

死亡保険	被保険者が死亡したとき、または高度障害になったときに保険金が支払われる
生存保険	保険期間が満了するまで被保険者が生存している場合に保険金が支払われる
生死混合保険	被保険者が満期前に死亡したときは死亡保険金、生存していたときは満期保険金が支払われる

◎ 大数の法則

少ない事象では法則は見いだせないが、大量の事象で見ると、一定の法則があること

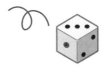

たとえば、サイコロを何万回も振っているうちに、1の目の出る確率が6分の1に近づいていく、など

◎ 収支相等の原則

保険料の総額とその運用益の合計は、保険金の総額と保険会社の経費の合計額と等しい

等しい！

保険料 ＋ 運用益 ＝ 保険金 ＋ 保険会社の経費

◎ 生命保険の基本用語

契約者	保険の契約をした人。個人だけでなく法人でも可
被保険者	保険の対象となる人 （被保険者に保険事故が起こった場合、保険金が支払われる）
保険金受取人	保険金を受け取る人
指定代理請求人	被保険者本人が保険金の請求ができないとき、本人に代わって保険金の請求をする人
保険料	契約者が保険会社に支払うお金
保険金	保険会社から保険金受取人に支払われるお金
給付金	被保険者が入院や手術をする際に、保険会社から支払われるお金
解約返戻金 <small>かいやくへんれいきん</small>	保険契約を途中で解約したときに払い戻されるお金

1 資金計画
2 リスク管理
3 金融資産運用
4 タックスプランニング
5 不動産
6 相続・事業承継

◆ 保険契約の手続きについて

　保険の契約に先立って、契約者は**契約のしおり**を受け取ります。契約のしおりとは、契約者にとって重要と思われる内容を**保険約款**から抜き出してわかりやすくまとめたもので、契約前に、必ず契約者に手渡すことが定められています。一方、保険約款は、保険契約の内容を保険の種類ごとに定型的にまとめたものです。

　保険契約は**クーリング・オフ**の対象となっています。クーリング・オフとは、保険契約者からの**書面または電磁的記録による意思表示により申込みの撤回、契約の解除を行うこと**です。保険会社は、契約時にクーリング・オフの内容を記載した書面を交付することが義務づけられています。**申込日、またはクーリング・オフの内容を記載した書面を受け取った日のいずれか遅い日から起算して8日目までがクーリング・オフの適用期間**です。

◆ 責任開始日と告知義務

　責任開始日とは、保険会社が保障を開始する日のことで、次の3点が完了した日です。

　①契約の申込み
　②告知または医師の診査
　③第1回保険料の払込み

　保険契約は、保険会社の承諾によって成立しますが、申込み内容に問題がなければ責任開始日以降、保険会社の承諾前でも保険金が支払われます。

　保険契約者や被保険者は、保険契約をする際、**保険会社に虚偽の申告をすることなく重要事項を申告**しなければなりません。これを**告知義務**といいます。告知するべき重要事項は、被保険者の**健康状態、病歴、職業等**です。告知義務者が重要な事項について不実なことを告げた場合には、告知義務違反が成立し、保険会社は保険金の支払い拒絶や契約の解除をすることができます。ただし、責任開始日から2年（保険法では5年）を超えた場合や、営業職員などによる告知義務違反をすすめる行為などがあった場合、保険会社は契約を解除することはできません。

1 資金計画

2 リスク管理

3 金融資産運用

4 タックスプランニング

5 不動産

6 相続・事業承継

◎ 必要保障額を計算してみよう！

〈必要保障額とは？〉

　一家の大黒柱が死亡した場合に、遺族が生活するのに必要な金額のこと。

　支出額（遺族が必要な金額の総額）から総収入（すでに準備できている金額）を差し引いて計算する。

> 必要保障額は「遺族の生活に不足している額」ともいえるので、この不足している額を生命保険に加入することで準備します

〈必要保障額の計算例〉

```
4人家族   夫    39歳  会社員
          妻    37歳  専業主婦
          長女  13歳  中学校1年生
          長男  12歳  小学校6年生
```

支出額		総収入	
末子独立までの遺族の生活費	3,000万円	遺族年金	4,000万円
末子独立後の妻の生活費	4,000万円	妻の老齢基礎年金	1,500万円
その他の必要資金		死亡退職金	1,000万円
葬式費用	300万円	預貯金	500万円
教育費	2,000万円		
予備費	700万円		
合計	1億円	合計	7,000万円

$$必要保障額 = \frac{支出額}{1億円} - \frac{総収入}{7,000万円} = 3,000万円$$

Point

- 子どもが成長するにつれ、その後の生活費や教育費が少なくなるため、末子誕生時に必要保障額が最大になる
- 夫が会社員の場合、遺族給付は遺族基礎年金、遺族厚生年金、中高齢寡婦加算、経過的寡婦加算などが受給できる
- 住宅ローンを組んでマイホームを購入している場合、団体信用生命保険（団信）に加入していれば住宅ローンの残債は団信から支払われるため、住居費は不要になる

ワンポイント

団体信用生命保険（団信）とは？

団体信用生命保険とは、住宅ローンを組んだ人が死亡したり、高度障害の状態でローンの返済ができなくなったりしたときに、本人に代わって残債を支払う保険です。民間の金融機関の住宅ローンでは、団信に加入できることが融資の条件となっています。

02 保険契約者の保護

重要度 ★★★

保険会社が破綻した場合に備えた機関として
保険契約者保護機構があります

　保険会社が破綻した際の資金援助や契約者保護を目的として、**保険契約者保護機構**が設立されており、国内で営業する保険会社は、**外資系の保険会社を含めて保険契約者保護機構に加入することが義務**づけられています。保険契約者保護機構には、生命保険契約者保護機構と損害保険契約者保護機構があり、別々に運営されています。

◎ 保険契約者保護機構のしくみ

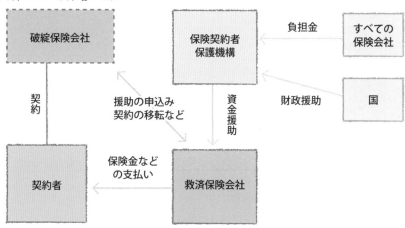

　保険会社が破綻した場合、保険契約者保護機構は、まず、救済保険会社を募集します。救済保険会社が現れた場合は、その保険会社に破綻した保険会社の契約を移転し、保険契約者保護機構は資金援助を行います。

　救済保険会社が現れない場合は、保険契約者保護機構が子会社として承継保険会社を設立して契約を承継するか、保険契約者保護機構が自ら契約を引き受けて継続します。

　各種共済や少額短期保険業者は、保険契約者保護機構による保護の対象外です。

1 資金計画

2 リスク管理

3 金融資産運用

4 タックスプランニング

5 不動産

6 相続・事業承継

◎ 保険契約者保護機構による補償

生命保険の補償

・原則として責任準備金の90%

※高予定利率契約（過去5年間の予定利率が基準金利を常に超えていた契約）は補償割合が引き下げられる

損害保険の補償

	保険金支払い	解約返戻金・満期返戻金
自賠責保険 地震保険	補償割合100%	
自動車保険 火災保険（※） その他の損害保険（※）	・破綻後3カ月： 　補償割合100% ・破綻後3カ月経過後： 　補償割合80%	補償割合80%

※個人、小規模法人、マンション管理組合の契約のみ補償

◎ 保険会社の安全性を見てみよう！

〈ソルベンシー・マージン比率とは？〉

　保険会社の支払い余力を表すもので、保険会社の健全性を示す指標のひとつ。ソルベンシー・マージン比率の数値が高いほど、リスクへの対応能力があり、200%以上が健全とされ、200%を下回ると、金融庁は早期是正措置を取ることができる。

$$ソルベンシー・マージン比率（\%）= \frac{ソルベンシー・マージン総額}{リスク合計額 \times 1/2} \times 100$$

※ソルベンシー・マージン総額：保険会社の資本金、準備金 など
※リスク合計額：引受けリスク、運用リスク など

03 生命保険の種類と特徴

死亡保障のある代表的な生命保険は
定期保険・終身保険・養老保険の3種類です

　個人向けで保障性を重視した保険商品は**定期保険**、**終身保険**、**養老保険**の3つで、これらは、死亡保険金がある代表的な生命保険です。

生命保険の概要

❶定期保険

　一定の保険期間内に被保険者が死亡、または高度障害になったときに保険金が支払われます。保険期間内に保険事故が起きなかった場合には保険金が支払われないため、**保険料は掛捨て**になります。そのため、**他の保険と比較して保険料が割安**になっています。

❷終身保険

　保険期間が設定されず、保障が一生涯続き、死亡・高度障害時に保険金が支払われます。定期保険と違い、必ず保険金を受け取ることができるため、**保険料は割高**になります。男性と女性を比べると、他の条件が同じであれば男性のほうが保険料は高くなります。保険会社では、保険金の支払いに備えて責任準備金を積み立てておきます。そのため途中で解約した場合でも、一定の解約返戻金を受け取ることができます。**解約返戻金を受け取って、老後資金にしたり、介護保障に移行することも可能**です。

❸養老保険

　一定の保険期間を決め、期間内に死亡・高度障害になった場合は、死亡保険金や高度障害保険金を受け取ることができ、保険期間終了時まで保険事故が起きなかった場合、**死亡保険金と同額の満期返戻金を受け取る**ことができる保険です。

　養老保険は生死混合保険で、貯蓄性が高い保険ですが、定期保険や終身保険と比べると、保険料はもっとも高いです。

❶ 定期保険

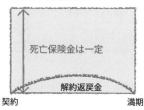

＜平準型定期保険＞

死亡保険金は一定

解約返戻金

契約　　　　　　満期

【定期保険の種類】
平準型：契約から満期まで保障額が変わらない
逓減型：年数が経過するにつれて保障額が少なくなる
逓増型：年数が経過するにつれて保障額が多くなる

❷-1 終身保険

保障は一生涯

死亡保険金

解約返戻金

契約

年金受取りや介護保険
への移行も可能

❷-2 定期保険特約付終身保険（定期付終身保険）

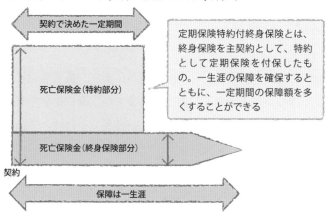

契約で決めた一定期間

死亡保険金（特約部分）

死亡保険金（終身保険部分）

契約

保障は一生涯

定期保険特約付終身保険とは、
終身保険を主契約として、特約
として定期保険を付保したも
の。一生涯の保障を確保すると
ともに、一定期間の保障額を多
くすることができる

❸ 養老保険

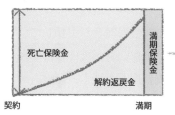

死亡保険金

満期保険金

解約返戻金

契約　　　　　　満期

満期まで保険事故が起き
なかった場合、死亡保険
金と同額の満期保険金が
受け取れるため、貯蓄と
して考えることも可能

1 資金計画

2 リスク管理

3 金融資産運用

4 タックスプランニング

5 不動産

6 相続・事業承継

04 個人年金保険の種類と特徴

高齢化社会における老齢期の資金を準備し、
長生きのリスクに備えるのが個人年金保険です

　個人年金保険は、契約時に決めた年齢に達すると年金を受け取ることができる保険で、老齢期の資金を準備するための保険です。

　年金支払開始日に被保険者が生きている場合、年金が支払われ、年金開始日前に死亡した場合は、所定の死亡給付金が支払われます。

　個人年金保険は、年金の受取り方によって、**終身年金、確定年金、有期年金**に分けられます。また、夫婦が共に被保険者となり、どちらかが生きている限り年金が支払われる夫婦年金もあります。

個人年金保険の概要

❶終身年金

　被保険者が生きている限り、年金が支払われます。**長生きのリスクに対する備えとしてはもっとも優れている**といえますが、確定年金や有期年金に比べると**保険料は割高**になります。他の条件が同じであれば、男性よりも女性のほうが保険料が高くなります。

❷確定年金

　契約時に支払期間を決め、その期間中は被保険者の**生死にかかわらず年金が支払われます**。支払期間中に被保険者が死亡した場合は、**遺族が年金を受け取る**ことができます。

❸有期年金

　契約時に支払期間を決め、その期間中に被保険者が生存していることを条件に年金が支払われます。支払期間中に被保険者が死亡した場合には、以降の年金の支払いはありません。年金の支払期間が短く、保険料がムダになってしまう可能性もありますが、**自分が生きている間の生活のみ保障したい**と考えるのであれば、**ムダのない個人年金保険**と考えることができます。

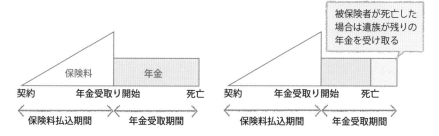

①-1 終身年金

> 生きている限り
> ずっと受け取れる！

保険料 ／ 年金

契約　　年金受取り開始　　死亡

保険料払込期間　　年金受取期間

②確定年金

> 生死に関係なく
> 一定期間、受け取れる！

被保険者が死亡した場合は遺族が残りの年金を受け取る

契約　　年金受取り開始　　死亡

保険料払込期間　　年金受取期間

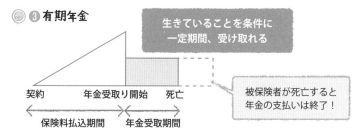

③有期年金

> 生きていることを条件に
> 一定期間、受け取れる

契約　　年金受取り開始　　死亡

保険料払込期間　　年金受取期間

被保険者が死亡すると年金の支払いは終了！

①-2 保証期間付終身年金

保証期間

契約　　年金受取り開始　　死亡

保険料払込期間　　年金受取期間

終身年金や有期年金は、被保険者の死亡時期によっては、年金の受取総額が少なくなってしまうことも考えられる。そのため、生死にかかわらず年金が支払われる保証期間をつけることも可能

> 保証期間中は被保険者の生死に
> かかわらず受け取れる

その他の個人年金保険

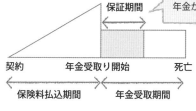

変額個人年金保険	・払い込んだ保険料を保険会社が特別勘定で運用し、その運用成果によって、年金や解約返戻金の額が変動する個人年金保険 ・年金支払い開始前に死亡した場合は、死亡給付金が支払われる ・一般に、死亡給付金には最低保証があるが、解約返戻金には最低保証はない

特別勘定は、他の保険の預かり資産とは分けて運用・管理する勘定で、投資信託などで運用され、運用成果に応じて、支払われる額が変動します

1 資金計画
2 リスク管理
3 金融資産運用
4 タックスプランニング
5 不動産
6 相続・事業承継

05 個人契約の生命保険と税金

支払った保険料は所得から控除されます。
受け取った保険金は課税されます

　生命保険に関連する税金は、保険料の課税関係と、保険金・給付金の課税関係の2つに分けて考えましょう。

　支払った保険料は所得控除のひとつである**生命保険料控除**の対象で、受け取った保険金は、契約者・被保険者・保険金受取人の組み合わせによって、**相続税**や**所得税**、**贈与税**の対象になります。

生命保険料控除が認められれば、税金が軽減される

◆保険料は生命保険料控除の対象

　個人が所得税・住民税額を計算するうえで、その人が支払った生命保険の保険料のうち、一定の金額までは所得控除が認められています。これを**生命保険料控除**といい、**所得税・住民税の額が軽減**されます。所得控除の対象となる保険料は、その年に支払った保険料であり、配当金などが支払われたときは、その額を差し引いた実質支払保険料となります。

　対象となる保険契約は、生命保険会社、かんぽ生命、農協や生協等の生命共済、医療（費用）保険、所得補償保険などで、保険金受取人が本人、配偶者、その他の親族である契約が対象です。

　生命保険料控除には、①一般の生命保険料控除、②個人年金保険料控除、③介護医療保険料控除の3種類があります。

◆保険金には相続税、所得税、贈与税が課税

　個人が死亡保険金を受け取った場合の課税関係は、契約者・被保険者・保険金受取人の関係によって、**相続税、所得税、贈与税のいずれかが課されます**。また、満期返戻金や解約返戻金を受け取った場合の課税も、死亡保険金を受け取ったときと同様です。個人年金保険の年金を受け取った場合は、雑所得として課税の対象となります。

◎ 3種類の生命保険料控除

❶一般の生命保険料控除：生存または死亡に起因して保険金が支払われる保険契約

❷個人年金保険料控除：個人年金のうち、年金受取人が納税者本人または配偶者のいずれかなど、一定の要件を満たす保険契約

❸介護医療保険料控除：病気またはケガなど、医療費の支払いに起因して保険金が支払われる保険契約

> 生命保険料控除は3種類あり、合計で最大12万円まで控除を受けられます

◎ 生命保険料控除の計算式（所得税・2012年1月1日以降の契約の場合）

払込保険料		控除額
	20,000円以下	全額
20,000円超	40,000円以下	払込保険料 × 1/2 + 10,000円
40,000円超	80,000円以下	払込保険料 × 1/4 + 20,000円
	80,000円超	40,000円

※一般の生命保険料控除と個人年金保険料控除、介護医療保険料控除のそれぞれで、最高40,000円まで控除できる

※住民税における控除額は、年間の支払保険料が56,000円超で最大28,000円となる

◎ 保険金にかかる税金

契約者	被保険者	保険金受取人	課税関係
夫	夫	妻 （相続人）	相続税：**相続税の非課税枠あり** ※非課税限度額＝500万円 × 法定相続人の数
夫	夫	第三者	相続税：**相続税の非課税枠なし**
夫	妻	夫	所得税：**一時所得** ※一時所得＝（受取保険金 − 保険料 − 50万円）× 1/2
夫	妻	子	贈与税：**受取保険金 − 基礎控除（110万円）**

非課税となる保険金や給付金

- 高度障害保険金や入院給付金などは、被保険者本人が受け取った場合だけでなく、配偶者、直系血族、同一生計の親族が受け取った場合も非課税となる。
- リビング・ニーズ特約、特定疾病保障保険などの生前給付保険金は、本人だけでなく指定代理請求人が受け取った場合も非課税となる。

1 資金計画

2 リスク管理

3 金融資産運用

4 タックスプランニング

5 不動産

6 相続・事業承継

06 法人契約の生命保険の経理処理

法人契約の保険の保険料を支払った場合、
経理処理が必要です

　法人が加入する生命保険の保険料を支払ったり、保険金を受け取ったりした場合は、経理処理をする必要があります。

　保険料は、事業を営むうえでの経費と認められる場合があります。ただし、税務上、損金算入することができれば法人税が少なくなるので、すべての保険料が経費として認められるわけではありません。

保険の種類によって、経理処理の方法が異なる

◆貯蓄性のある保険の経理処理

　養老保険や終身保険などでは、その保険が満期を迎えたり、被保険者である役員や従業員が死亡した場合、満期保険金や死亡保険金を受け取ることができます。このような貯蓄性のある保険の場合、保険料である現金が保険という資産に代わっただけであると考えられるため、**支払った保険料は、帳簿上、資産として計上する**必要があります。この場合、保険料は経費としては認められません。

　ただし、契約者が法人、被保険者が役員・従業員で、満期保険金受取人が法人、死亡保険金受取人が遺族である養老保険では、**支払った保険料の2分の1が経費として認められ、損金算入できます**。これをハーフタックスプランといい、法人税を軽減する効果があります。

◆貯蓄性のない保険の経理処理

　満期保険金がない定期保険や医療保険などの第3分野の保険は、貯蓄性がないため、**保険料は経費と考えられますが**、解約返戻金率が高い保険契約では、保険契約の途中で解約をした場合でも、相当の解約返戻金を受け取ることができます。そのため、**一定の期間、保険料の一部を資産として計上する**必要があります。

1 資金計画
2 リスク管理
3 金融資産運用
4 タックスプランニング
5 不動産
6 相続・事業承継

◎ 養老保険の経理処理

○保険金受取人が法人の場合（保険料10万円）

借方		貸方	
保険料積立金（資産）	100,000 円	現金・預金	100,000 円

○満期保険金受取人が法人、死亡保険金受取人が遺族の場合（保険料10万円）

借方		貸方	
保険料積立金（資産）	50,000 円	現金・預金	100,000 円
福利厚生費（損金）	50,000 円		

※福利厚生費として損金算入できるのは役員・従業員の全員が加入の場合。特定者のみ加入の場合は、被保険者の給与・報酬として損金算入

◎ 定期保険および第3分野の保険の経理処理

最高解約返戻率50%以下の契約
支払った保険料の全額を損金算入
最高解約返戻率50%超70%以下の契約
保険期間の当初40%相当期間まで　支払った保険料の40%を資産計上、60%を損金算入
最高解約返戻率70%超85%以下の契約
保険期間の当初40%相当期間まで　支払った保険料の60%を資産計上、40%を損金算入
最高解約返戻率85%超の契約
最高解約返戻率となる期間または 「解約返戻金相当額の増加額÷年間保険料相当額」が70%を超える期間まで ・保険期間の当初10年間は、 　「支払保険料×最高解約返戻率×90%」を資産計上、残額を損金算入 ・保険期間の11年目以降は、 　「支払保険料×最高解約返戻率×70%」を資産計上、残額を損金算入

※最高解約返戻率とは、その契約の保険期間を通じて
　解約返戻金率（解約返戻金相当額÷既払込保険料累計額）がもっとも高くなったときの値をいう。

ワンポイント

総合福祉団体定期保険とは？

総合福祉団体定期保険とは、契約者が法人、被保険者が役員・従業員、死亡保険金受取人が遺族である1年更新の定期保険です。法人が保険料の全額を負担しますが、加入の際には、被保険者になることの同意が必要です。

07 損害保険のしくみ

偶然による事故で被った損害に対し
人・モノ・賠償責任も補償するのが損害保険です

代表的な損害保険には**自動車保険**、**火災保険**、**傷害保険**、**賠償責任保険**などがあります。

万が一のときの経済的負担を軽減させるのが損害保険

◆ 損害保険の保険料のしくみと基本用語

生命保険の保険金は契約で決められた額が支払われる**定額払い**であるのに対し、損害保険は実際に損害を受けた額が支払われる**実損払い**であるのが特徴です。損害保険の保険料は、「大数の法則」「収支相等の原則」に加え、給付・反対給付均等の原則、利得禁止の原則によって計算されます。

◎ 損害保険の原則

給付・反対給付均等の原則 （レクシスの原則）	保険料がその危険度に応じて算出されるという原則 →同じ構造の建物であっても、用途によって火災保険料が異なる
利得禁止の原則	被保険者は保険金を受け取ることで利得を得てはいけない原則 →実際の損害分の支払いを受ける ＝ 実損払い

◎ 損害保険の基本用語

保険の目的	建物・家財、自動車、人などの保険を掛ける対象
保険価額	保険事故が発生したときに予想される最大の損害額で、保険の目的となるものの評価額。通常は時価が保険価額となるが、新価が保険価額となることもある
保険金額	保険の契約時に決める契約額で、保険金で補償される限度額となる
再調達価額（新価）	保険の目的と同等のものを新たに購入する際に必要な金額
時価	再調達価額から使用による消耗分を差し引いた金額

◆ 損害保険の掛け方による種類

損害保険の保険金額と保険価額の関係には①超過保険、②全部保険、③一部保険の３種類があります。

1 資金計画

2 リスク管理

3 金融資産運用

4 タックスプランニング

5 不動産

6 相続・事業承継

◎ 超過保険、全部保険、一部保険

①超過保険	保険価額 < 保険金額 ：保険金額が保険価額よりも大きい保険 → 損害額は全額が支払われる → 保険価額を超える保険金は支払われない
②全部保険	保険価額 = 保険金額 ：保険金額と保険価額が等しい保険 → 損害額は全額が支払われる
③一部保険	保険価額 > 保険金額 ：保険金額が保険価額を下回る保険 → 保険金は比例てん補により計算される

＜比例てん補とは？＞

保険金額が保険価額を下回る保険において、両者の割合によって、保険金が削減されてしまうこと

例 建物の評価額：1,500万円／保険金額：1,000万円／損害額：600万円の場合

$$支払金額 = 損害額 \times \frac{保険金額}{保険価額 \times 80\%}$$

$$= 600万円 \times \frac{1,000万円}{1,500万円 \times 80\%} = 500万円$$

損害保険に関わる法律知識

失火の責任に関する法律（失火責任法）

火災の場合、失火者に重過失がなければ、賠償責任を負わないと規定されている。軽過失で隣家を焼失させても賠償責任を負わず、隣家も失火者に対して賠償請求できない。そのため、火災保険は自身で加入する必要がある。なお、賃貸住宅の場合は、家主に対して原状回復義務があるため、軽過失であっても債務不履行で賠償責任を負う。

自動車損害賠償保障法（自賠法）

自賠法は、自動車事故の被害者救済を目的とした法律で、原則として、すべての自動車は自賠責保険を付保しないと運行できない。被害者保護の立場から、民法の過失責任よりも重く、加害者の無過失責任に近い責任を課している。

製造物責任法（PL法）

引き渡した製造物に欠陥があり、他人の身体、財物に危害を与えた場合、これによって生じた損害を賠償する責任がある。被害者は製造業者などの過失を立証する責任はない。

08 火災保険の種類と特徴

火災などによる
建物や家財の損害を補償する保険です

　火災保険は、火災などによって生じた建物や家財の損害を補償する保険です。代表的な火災保険は**住宅火災保険**と**住宅総合保険**ですが、その補償の範囲は幅広く、台風や大雪、落雷による損害なども補償されます。住宅を対象とする火災保険の場合、保険の目的は建物および家財となり、原則として**建物と家財は別々に保険金額を設定**します。

火災保険の補償内容

◆ 火災保険の保険料と保険金額

　火災保険の保険料は、**給付・反対給付均等の原則（レクシスの原則）により、その危険度に応じて異なります**。同じような構造の建物であっても、居住用の住宅と店舗併用住宅では、店舗併用住宅のほうが危険度が高いため、保険料も高くなります。

　損害保険は実損払いが原則なので、**建物の保険金額は、通常、その建物の時価**となりますが、使用による消耗分を差し引いた時価での支払いでは、新しい建物を建てることはできません。そこで、**価額協定保険特約**をつけることによって、**再調達価額（新価）**での支払いが可能になります。

　家財の保険価額は、契約者の収入や年齢によって、家財一式500万円というように、包括的に保険金額を設定します。30万円を超える貴金属・宝石等は明記物件として申込書に記載しないと補償されません。

◆ 地震保険（特約）について

　火災保険では、地震・噴火・津波とこれらを原因とした火災は補償されないため、別に地震保険に加入する必要があります。地震保険は単独では加入できず、火災保険を主契約とし、その特約として契約します。対象は居住用建物および家財で、店舗併用住宅の場合は居住用部分のみ契約が可能です。

◎ 住宅火災保険と住宅総合保険の補償例

直接損害の例	住宅火災保険	住宅総合保険
火災、風災、雪災、落雷、爆発、破裂による損害	○	○
消防による建物の損傷	○	○
水災	×	○
水漏れ（給排水設備事故による水漏れ）	×	○
外来物の落下、飛来、衝突（車の飛込みなど）	×	○
盗難	×	○
持ち出し家財の損害	×	○
地震・噴火・津波	×	×

○：補償される　×：補償されない

◎ 地震保険の損害区分と保険金額

損害区分	保険金額
全損	地震保険金額の全額（時価が限度）
大半損	地震保険金額の60%（時価の60%が限度）
小半損	地震保険金額の30%（時価の30%が限度）
一部損	地震保険金額の5%（時価の5%が限度）

> 地震保険の保険金の支払い
> は、損害の程度によって
> 4段階に分かれています

 ワンポイント

地震保険のポイント

- 火災保険（主契約）の特約として付保する
- 補償の対象は、居住用建物と家財のみ
- 火災保険の保険金額の30〜50%の範囲で保険金額を設定
- 保険金額は、建物5,000万円、家財1,000万円が限度
- 価額協定保険特約はなく、時価による支払い

1 資金計画
2 リスク管理
3 金融資産運用
4 タックスプランニング
5 不動産
6 相続・事業承継

09 自動車保険

強制加入の自賠責保険と任意の自動車保険の
補償の範囲をそれぞれ理解しましょう

　自動車保険は、自動車事故による相手や搭乗者の死亡や傷害、器物の損壊による損害賠償や自分自身のケガなどの補償を行う保険です。自動車保険には、強制加入の自賠責保険と任意加入の自動車保険があります。

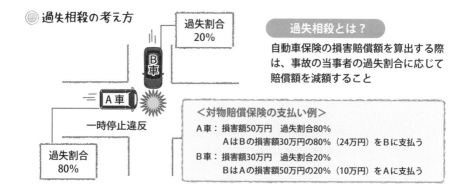

◎ 過失相殺の考え方

過失割合
20%

B車

A車

一時停止違反

過失割合
80%

過失相殺とは？

自動車保険の損害賠償額を算出する際は、事故の当事者の過失割合に応じて賠償額を減額すること

＜対物賠償保険の支払い例＞

A車：損害額50万円　過失割合80%
　　　AはBの損害額30万円の80%（24万円）をBに支払う

B車：損害額30万円　過失割合20%
　　　BはAの損害額50万円の20%（10万円）をAに支払う

◆ **自賠責保険（自動車損害賠償責任保険）**

　自賠責保険は、自賠法（自動車損害賠償保障法）によって加入が義務づけられた自動車保険です。補償の対象は、**対人賠償（死亡、傷害、後遺障害など）に限られており**、車の損害などの対物賠償は補償されません。また、自賠責保険では、死傷者1人当たりの支払限度額が決められているため、限度額を超えた賠償金の額は補償の対象外となります。

　ひき逃げや盗難車による事故は自賠責保険の対象外ですが、被害者救済の観点から、政府の保障事業があり補償を受けることができます。

◆ **任意の自動車保険**

　任意加入の自動車保険は、損害保険会社等が販売する自動車保険で、**自賠責保険の限度額を超えた対人賠償**や、**自賠責保険では補償されない対物賠償、自損事故、運転者本人の死亡や傷害**などを補償する保険です。

◎ 自賠責保険の補償の限度額（死傷者 | 人当たり）

事故の区分	補償の区分	支払限度額
死亡事故	死亡	3,000万円
	死亡までの傷害	120万円
傷害事故	傷害	120万円
	後遺障害	75万〜4,000万円

自賠責保険は、親・子・配偶者に対する損害賠償も支払いの対象ですが、本人のケガや死亡などは対象外です

◎ 任意の自動車保険の種類と特徴

対人賠償保険、対物賠償保険は、被害者救済の観点から飲酒運転や無免許運転による事故にも保険金が支払われる

対人賠償保険	自動車事故で他人を死傷させ法律上の賠償責任を負った場合、自賠責保険の限度額を超過した部分が支払われる ※本人・親・子・配偶者に対する賠償責任は対象外
対物賠償保険	自動車事故で他人の財物（建物、自動車など）に損害を与えて法律上の賠償責任を負った場合に支払われる ※本人・親・子・配偶者に対する賠償責任は対象外
搭乗者傷害保険	自動車の搭乗者（運転者も含まれる）が、事故によって死亡・後遺障害・傷害を被った場合に定額の保険金が支払われる
自損事故保険	単独事故など相手側から補償されない身体損害を対象として定額で保険金が支払われる
車両保険	所有する自動車が偶然の事故によって損害を受けた場合に支払われる。地震、噴火、津波による損害は特約をつけなければ補償されない

新しいタイプの自動車保険

リスク細分型自動車保険
運転者の年齢や性別、居住地、車種など9種類の要件に細分化し、保険会社がそのリスクに応じて保険料を決定する。契約者の属性によって保険料が割安になる。

人身傷害補償保険
被保険者が自動車事故で死亡・後遺障害・傷害を被った場合、相手から補償されない自己の過失部分も含めて、示談が成立する前に損害額全額の支払いを受けることができる。

1 資金計画

2 リスク管理

3 金融資産運用

4 タックスプランニング

5 不動産

6 相続・事業承継

10 その他の損害保険

旅行先でのケガや子どもが起こしたトラブルなど
いろいろな場面で役立つのが損害保険です

損害保険には、実にさまざまな種類がありますが、ここでは**傷害保険**と賠償責任保険を中心に見ていきます。

それぞれの保険の補償内容をしっかり確認しておこう

◆ ケガによる治療などを補償する「傷害保険」

傷害保険は、**急激・偶然・外来**の事故でケガをした場合に、通院や入院、手術のための保険金、死亡・後遺障害保険金などが支払われる保険です。**普通傷害保険**では、国内外、家庭内、職場内、旅行中などを問わず日常生活でのケガが補償されます。**家族傷害保険**も補償内容は同じですが、家族全体のケガが補償されます。

傷害保険で保険金が支払われるケース（○）・支払われないケース（×）

- ○ 仕事中に転んでケガをした
- ○ 草野球をしていて指を骨折した
- × 病気、地震・噴火・津波が原因でケガをした
- × 細菌性食中毒にかかった（ただし、特約があれば支払われる）

家族傷害保険の「家族」の範囲

本人、配偶者、生計を一にする同居の親族、生計を一にする別居の未婚の子

◆ 損害賠償責任を補償する「賠償責任保険」

賠償責任保険は、偶然の事故で他人の身体、生命、財物に損害を与え、法律上の損害賠償責任を負った場合に補償を行う保険です。個人が日常生活で賠償責任を負ってしまったときに補償するのが**個人賠償責任保険**です。被保険者本人だけでなく配偶者、生計を一にする同居の親族、生計を一にする別居の未婚の子も補償の対象になります。

個人賠償責任保険では、**故意によるものは補償されず、車両事故による賠償や職務遂行上の賠償、預かり物の賠償も対象外**です。

個人賠償責任保険で保険金が支払われるケース（○）

- ○　子どもが他人の家の窓ガラスを割った
- ○　物干しざおが風で飛び、通行人をケガさせた
- ○　妻が百貨店で陳列されている食器を割った
- ○　飼い犬が他人にかみついた

最近増えている自転車の事故も、個人賠償責任保険で補償されます！

◎ その他の**傷害保険**

交通事故傷害保険	通常の交通事故だけでなく、通行中の物の落下・倒壊、建物や乗り物（エレベーターやエスカレーターも含む）の火災によるケガ、駅構内での傷害事故を補償する
国内旅行傷害保険	国内旅行中の傷害事故や細菌性食中毒を補償する。地震・噴火・津波による傷害は特約をつけない限り補償の対象外
海外旅行傷害保険	海外旅行中の傷害事故を補償する。海外にいるときだけでなく、家を出てから帰宅するまでが補償の対象となる。旅行中、帰宅後に発症した病気、細菌性食中毒、地震・噴火・津波による傷害事故も補償の対象となる

◎ その他の**賠償責任保険**

施設所有者賠償責任保険	施設の管理不備や構造上の欠陥に起因する損害賠償責任を補償する 例・床のワックスが原因で、客が滑って転びケガをした
生産物賠償責任保険（PL保険）	製造・販売した製品の欠陥に起因して、他人に損害を与えた場合の法律上の賠償責任を補償する 例・電子レンジが出火し、使っている人がやけどを負った ・飲食店の料理で、客が食中毒になった

その他の損害保険

所得補償保険
病気やケガで働くことができなくなった場合に、保険金が支払われる保険。不動産所得や配当所得など不労所得のみの人は加入できない。

ゴルファー保険
ゴルフの際の賠償責任、傷害、用品の補償などがセットになった保険。ホールインワンの費用（お祝いのパーティー費用など）も補償する。

1 資金計画
2 リスク管理
3 金融資産運用
4 タックスプランニング
5 不動産
6 相続・事業承継

11 損害保険と税金

控除できる保険料・できない保険料、
課税される保険金・されない保険金があります

◆地震保険の保険料は所得控除の対象

1年間に支払った損害保険料のうち、地震保険の保険料については一定の額まで所得控除が認められており、所得税・住民税が軽減されます。これを地震保険料控除といいます。控除できる金額は、**所得税で5万円、住民税で2万5,000円（ただし、支払った保険料の2分の1）**が限度です。

2007年から従来の損害保険料控除が廃止となりました。ただし、次の条件を満たす長期損害保険については、経過措置として従来の損害保険料控除を適用することができます。

- ・2006年12月31日までに締結した損害保険契約
- ・保険期間が10年以上で満期返戻金付きの契約
- ・2007年1月1日以降、変更していない契約

損害保険の課税はその意味合いによって変わってくる

◆損害保険の死亡保険金の課税関係

傷害保険や自動車保険の搭乗者傷害保険など、損害保険契約の死亡保険金を受け取った場合、その保険金は課税の対象になります。それらの課税関係は、生命保険の死亡保険金と同様で、**契約者・被保険者・保険金受取人の関係で、相続税、所得税、贈与税のいずれかの対象**になります。積立型保険の満期返戻金や解約返戻金を受け取った場合の課税関係も同様です。

◆損害保険の入院給付金などを受け取った場合

高度障害保険金や入院給付金などは、**損失を補てんするという意味合いで支払われるため非課税**となります。また、損害賠償金や見舞金を受け取った場合も、**社会通念上相当な額については非課税**です。

◎ 死亡保険金の課税関係

契約者	被保険者	保険金受取人	課税関係
夫	夫	妻 （相続人）	相続税：**相続税の非課税枠あり** ※非課税限度額＝500万円 × 法定相続人の数
夫	夫	第三者	相続税：**相続税の非課税枠なし**
夫	妻	夫	所得税：**一時所得** ※一時所得 ＝（受取保険金 － 保険料 － 50万円）× 1/2
夫	妻	子	贈与税：**受取保険金 － 基礎控除（110万円）**

個人事業主が加入している保険の税金

個人事業主もさまざまな生命保険や損害保険に加入するケースが考えられるが、"事業を行っている"ということで、サラリーマンとは税金の扱いが異なる場合があるので注意が必要である。

・個人事業主が生命保険に加入した場合

一般の会社員などと同じように、保険料は生命保険料控除の対象に、死亡保険金や満期返戻金、解約返戻金は相続税、所得税、贈与税の対象となる。なお、**保険料を経費にすることはできない。**

・火災保険や自動車保険に加入した場合

店舗の火災保険や仕事で使っている車両の自動車保険に加入した場合、事業に必要な損害保険料として経費にできる。保険金を受け取った場合は事業所得に含めなくてもよいので非課税となる。ただし、傷害保険や搭乗者傷害保険の死亡保険金は、生命保険と同様の扱いとなる。

・本人の傷害保険に加入した場合

被保険者が個人事業主本人の場合、保険料を経費にすることはできない。受け取った死亡保険金、満期返戻金、解約返戻金は生命保険と同様の扱いとなる。

・使用人の傷害保険に加入した場合

個人事業主が使用人を被保険者とする傷害保険に加入した場合、**事業上の経費にできる。**給付金などを受け取った場合は非課税となる。

1 資金計画

2 リスク管理

3 金融資産運用

4 タックスプランニング

5 不動産

6 相続・事業承継

12 第三分野の保険 （医療保険・がん保険）の特徴

病気やケガによる入院・手術のリスクに
備える保険の種類を知っておきましょう

　病気やケガによる入院や手術に備えるには、**医療保険に加入する方法**と**医療特約を付保する（医療特約をつける）方法**があります。医療特約はあくまで主契約に付加するオプションであるため、主契約の保険が終了したり解約したりすると特約もなくなってしまいます。

医療保険とがん保険の概要

◆ 医療保険の特徴

　医療保険の基本的な保障は、**入院給付金**と**手術給付金**です。入院給付金は、1日当たり10,000円というように定額で設定され、**入院をした日数に応じた額が支払われます**。手術給付金は手術の種類に応じて10倍、20倍のように倍率が定められていて、1日当たり入院給付金の額に倍率を掛けた額が給付されます。

　通院給付金は、一般的に、病気やケガなどで入院をして、退院後の通院の際に支払われる給付です。

　医療保険でも死亡保障をつけることはできますが、ほとんどの場合、50万円や100万円など少額です。

◆ がん保険の特徴

　がん保険は、がんによる入院や手術に特化した保険で、医療保険よりも保険料が割安なのが特徴です。がん保険には、加入後3カ月（または90日間）の免責期間（待期間）が設けられており、その期間にがんと診断されても給付金は支払われません。

　がんによる入院は日数が長くなることが多いため、**がん保険の入院給付金の支払日数には限度がありません**。がんと診断されたときに一時金で受け取れる**がん診断給付金**も特徴的です。

◎ 医療保険の保障

入院給付金：入院1日当たりの給付金の額が決められ、入院日数に応じて給付金が支払われる

- 1入院当たりの支払限度日数（60日、100日など）と通算の支払限度日数（730日、1000日など）が決められている
- 退院の翌日から180日以内に同じ病気で入院をした場合は、1入院とみなされ、1入院当たりの支払限度日数が支払いの上限となる
- 終身型の医療保険でも、通算の限度日数を支払った場合には、保険契約は終了する

手術給付金：手術の種類による倍率を、1日当たりの入院給付金の額に掛けた手術給付金が支払われる

◎ がん保険の保障

診断給付金：がんと診断された場合に支払われる

入院給付金：入院日数に応じて支払われる

- がん保険の入院給付金には支払限度日数がない

手術給付金：手術の種類に応じた手術給付金が支払われる

加入後3カ月以内にがんと診断されても給付金は支払われません

📖✍ **ワンポイント**

第三分野の保険とは？

第三分野の保険とは、生命保険（第一分野の保険）でも損害保険（第二分野の保険）でもない医療保険などのことで、生命保険会社と損害保険会社のどちらも販売しています。第三分野の保険でよく使われる「給付金」という言葉は、ケガや病気などに起因する入院や手術に際して支払われる保険金のことです。

1 資金計画
2 リスク管理
3 金融・資産運用
4 タックスプランニング
5 不動産
6 相続・事業承継

◆ 主契約に付保する医療特約

　医療特約は、定期保険や終身保険などの保険（主契約）に加入したうえで、その主契約に付保するものです。医療特約にはさまざまな種類があり、必要とする特約を選択して加入することができます。

◎ 病気やケガに備える特約

疾病入院特約	病気で入院したときに、1日当たりの額（日額）に応じた入院給付金が支払われる
災害入院特約	事故やケガで入院したときに、1日当たりの額（日額）に応じた入院給付金が支払われる
生活習慣病 （成人病）入院特約	5大生活習慣病（がん、脳血管疾患、心疾患、高血圧疾患、糖尿病）で入院したときに、1日当たりの額（日額）に応じた入院給付金が支払われる
先進医療特約	療養を受けた時点で、厚生労働大臣が承認する先進医療を受けたときに給付金が支払われる

◎ 死亡・後遺障害に備える特約

収入保障特約	死亡・高度障害保険金が、一時金でなく年金方式で支払われる
傷害特約	不慮の事故・所定の感染症で死亡のときに死亡保険金が支払われるほか、災害で障害状態のときにも障害給付金が支払われる

◎ 生前給付型の特約

特定疾病保障特約	死亡・高度障害保険金のほかに、がん・急性心筋梗塞・脳卒中で所定の状態になったときに生前給付金が支払われる。どちらかが支払われた時点で契約が終了する
リビング・ニーズ特約	医師により余命6カ月以内と診断された場合に、請求により死亡保険金の全部または一部が支払われる。割増保険料は不要。被保険者本人以外に指定代理請求人による請求もできる

第 3 章

金融資産運用

この章では、さまざまな金融商品の種類や特徴を学習します。預金・貯金などの貯蓄型金融商品と債券、株式、投資信託などの投資型金融商品の違いを押さえましょう。債券の利回りや株式の投資指標などの計算問題や、金融商品を選ぶ際に確認する景気指標や物価指標、金融機関が破綻した際のセーフティネット等も頻出のテーマです。その他、金融商品の運用で利益が出た際の税金や NISA の概要も押さえておきましょう。

01 景気と物価を見るための指標

代表的な経済指標を理解して
景気の変動をとらえる力をつけましょう

　私たちのまわりには、株式や投資信託といったさまざまな金融商品があります
ますが、そのときの経済や景気の状況によって利益や損失が出ます。誰もが、
できれば大きな損失は出さないで運用したいもの。そのためには、景気の現
状をしっかりとらえることが重要です。景気や物価を見るときの指標を知っ
ておきましょう。

FPが知っておくべき経済指標の概要

◆ GDP（国内総生産）

　GDPは、1年間に国内で生産されたモノやサービスの付加価値の総額
で、**内閣府が年4回公表**しています。GDPは、一国の経済規模を示す指標で、
GDPで見ると日本は世界第4位の経済大国です。GDPの前年に対する伸び
率が経済成長率です。経済成長率には**名目成長率**と**実質成長率**がありますが、
実質成長率で判断するのが一般的です。

　GDE（国内総支出）はGDPと似ていますが、GDPが生産面から見た指
標であるのに対し、**GDEは支出面から見た指標**で、GDPとGDEの値は等
しくなります。

◆ 日銀短観（全国企業短期経済観測調査）

　日銀短観は、企業の経済活動の現状把握と将来予測のため、**日銀（日本銀
行）が行っている調査**です。年4回、国内の1万社程度の企業に対して、景
気の現状と3カ月後の予想についてアンケート調査を行い、その結果を**業況
判断DI**（ディフュージョン・インデックス）の値で公表します。

　業況判断DIは、「業況が良い」と回答した企業の割合から、「業況が悪い」
と回答した企業の割合を引いて算出します。この数値が上昇すると景気が拡
大の局面にあり、下落すると景気が縮小の局面に入っているとみなされます。

◉ **GDEの内訳**

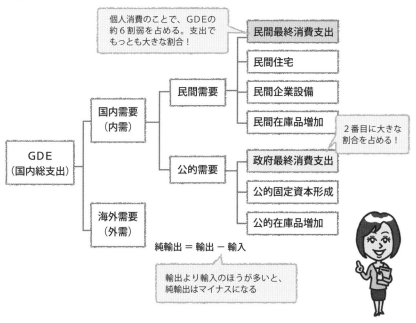

個人消費のことで、GDEの約6割弱を占める。支出でもっとも大きな割合！

純輸出 ＝ 輸出 － 輸入

輸出より輸入のほうが多いと、純輸出はマイナスになる

2番目に大きな割合を占める！

◉ **経済成長率とは？**

$$実質経済成長率（\%）＝ \frac{本年の実質GDP － 前年の実質GDP}{前年の実質GDP} \times 100$$

名目値（名目GDP）	その時々の時価で表示したGDP
実質値（実質GDP）	インフレやデフレなど物価の変動を加味したGDP

◉ **日銀短観とは？**

$$業況判断DI（\%）＝ \boxed{\begin{array}{c}業況が良いと回答した\\企業の割合\end{array}} － \boxed{\begin{array}{c}業況が悪いと回答した\\企業の割合\end{array}}$$

※業況判断DIには、現在の業況を見る指標と3カ月後の業況を予測する指標がある

1 資金計画

2 リスク管理

3 金融資産運用

4 タックスプランニング

5 不動産

6 相続・事業承継

◆ 景気動向指数

景気動向指数（けいきどうこうしすう）は、景気の動きを把握するために生産、労働、消費、物価などの分野から景気に敏感な指標を選び、それぞれの動きを一本化したものです。内閣府が毎月公表しており、景気の動きを客観的に見ることができます。

景気動向指数で採用されている指標は、①先行系列、②一致系列、③遅行系列の3系列に分類され、景気の現状を知るためには一致系列が用いられます。

公表される指標には、景気DIと景気CI（コンポジット・インデックス）があり、現在は景気CIが代表的な指標とされています。

2つの物価指標の違いを知っておこう

◆ 企業物価指数

企業間取引における商品価格の変動をとらえた指標で、日本銀行が公表している指標です。

企業間の取引であるため、景気上昇時には上昇し、景気過熱時には高騰するというように、景気の動向を敏感に反映し、為替相場や原油価格の変動の影響を受けやすいという特徴があります。

◆ 消費者物価指数

家計（最終消費者）が購入する商品とサービスの価格の変動を時系列的にとらえた指標で、総務省が公表しています。企業物価指数と比べて短期的な変動が少なく、指数の動きが安定しているため、中長期の物価の変動をとらえるのに適しています。

家計が購入する多様な商品やサービスが調査の対象となるため、消費生活に影響を及ぼす物価の変動を確認でき、年金額の決定や政府の経済施策にも使われる重要な指標です。直接税や社会保険料（非消費支出）、有価証券、土地・建物の購入（蓄財および財産購入のための支出）は、対象項目に含まれません。

対象となる項目を総合的に見る総合指数から、天候に影響されやすい生鮮食料品を除外したものがコア指数で、物価動向を見るための指標として、もっとも注目されています。

◎ 景気動向指数に採用されている指標

①先行系列	(1)最終需要財在庫率指数 (2)鉱工業用生産財在庫率指数 (3)新規求人数 (4)実質機械受注 (5)新設住宅着工床面積 (6)消費者態度指数	(7)日経商品指数 (8)マネーストック (9)東証株価指数 (10)投資環境指数 (11)中小企業売上げ見通しDI
②一致系列	(1)生産指数（鉱工業） (2)鉱工業用生産財出荷指数 (3)耐久消費財出荷指数 (4)労働投入量指数 (5)投資財出荷指数	(6)商業販売額（小売業） (7)商業販売額（卸売業） (8)営業利益 (9)有効求人倍率 (10)輸出数量指数
③遅行系列	(1)第3次産業活動指数 (2)常用雇用指数 (3)実質法人企業設備投資 (4)家計消費支出 (5)法人税収入	(6)完全失業率 (7)きまって支給する給与 (8)消費者物価指数 (9)最終需要財在庫指数

> 新規求人数、有効求人倍率、完全失業率などの雇用に関する指標に注目します！

> 先行系列：景気に先行して動く指標
> 一致系列：景気と同じタイミングで動く指標
> 遅行系列：景気に遅れて動く指標

◎ 景気DIと景気CI

景気DI

景気の各経済部門への波及度合い（波及度）を把握する指標

$$景気DI = \frac{3カ月前と比べてプラスの指標数 + 3カ月前と比べて横ばいの指標数 \times 0.5}{採用指標数（公表分）} \times 100$$

一致指数が50%を上回っているとき → 景気拡張局面
一致指数が50%を下回っているとき → 景気後退局面

> 景気DIは最高値が100%最低値が0%

景気CI

景気変動の大きさやテンポ（量感）を示す指標

景気DIと同じ指標を使い、各指標の変化率を合成して算出

一致指数が上昇 → 景気拡張局面
一致指数が下落 → 景気後退局面

ワンポイント

金融分野の基本用語を理解しよう

インフレ（インフレーション）：物価が上昇すること。インフレ時は貨幣価値が下がる
デフレ（デフレーション）：物価が下落すること。デフレ時には貨幣価値が上がる
マネーストック：個人、法人、地方公共団体が保有する通貨の総量
　　　　　　　　のこと。日本銀行が毎月公表している

1 資金計画
2 リスク管理
3 金融資産運用
4 タックスプランニング
5 不動産
6 相続・事業承継

金利の動きと
日本銀行の金融政策

重要度 ★★★

経済活動に影響を与える金利が
どのように決まるのか知っておきましょう

金融とは「お金の貸し借りを行うこと」であり、お金の貸し借りを行う場所を金融市場（マーケット）といいます。

金融市場の概要

金融市場には、**短期金融市場**と**長期金融市場**があります。短期金融市場は、**満期が１年未満の市場**であり、インターバンク市場とオープン市場に分けられます。短期金融市場の代表的な金利は、**無担保コール翌日物レート**です。長期金融市場は公社債市場と株式市場に分類できます。代表的な金利は**新発10年長期国債の利回り**です。

金利は日本銀行の金融政策によって水準が決まりますが、長期金利は景気や物価、為替相場、海外金利などの影響によっても変動します。

日本銀行が行う代表的な３つの金融政策

日本銀行はわが国の中央銀行であり、物価の安定などを目標として**金融政策**を実施しています。金融政策には、次のようなものがあります。

❶政策金利操作

かつては金融政策の中心的な政策でしたが、現在の金融政策の中心は公開市場操作に移っています。

❷公開市場操作

日本銀行が**国債などの売買を行い、市場に流通する通貨量（マネーストック）を調節する政策**です。現在の金融政策は、この公開市場操作が中心です。

❸預金準備率操作

預金準備率（民間金融機関が日本銀行の当座預金に預ける預金の割合）を操作して市場の資金量を調整し、短期金利に影響を与える政策のことです。

◎ 金融市場 (マーケット) の成り立ち

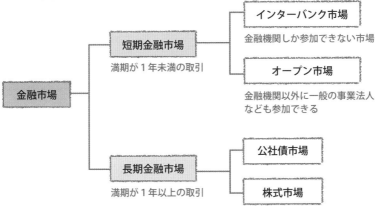

```
              ┌─ 短期金融市場 ──┬─ インターバンク市場
              │   満期が1年未満の取引  │   金融機関しか参加できない市場
              │                    │
 金融市場 ─────┤                    └─ オープン市場
              │                        金融機関以外に一般の事業法人
              │                        なども参加できる
              │
              └─ 長期金融市場 ──┬─ 公社債市場
                  満期が1年以上の取引  │
                                   └─ 株式市場
```

◎ 金利変動要因と長期金利の動き

	国内景気		国内物価		為替相場		海外金利	
	好況	不況	上昇	下落	円安	円高	上昇	低下
長期金利の動き	↗	↘	↗	↘	↗	↘	↗	↘

◎ 公開市場操作 (買いオペ・売りオペ) とは?

買いオペレーション

民間金融機関が保有している国債などを日本銀行が
買い取る

➡ マネーストックが増加し、金利を低く抑える
　効果がある

　　　不況時の金融政策

買い
取ります！

買いオペによって
マネーストックが増加

日本銀行 ← 代金（資金）が市場に流れる → 金融機関

売りオペレーション

日本銀行が保有している国債などを民間金融機関に
売却する

➡ マネーストックが減少し、金利を高めに誘導する
　効果がある

　　　好況時の金融政策

買い取って
ください！

売りオペによって
マネーストックが減少

日本銀行 → 代金（資金）を市場から吸収する ← 金融機関

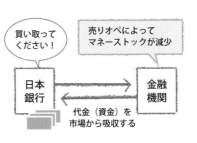

1 資金計画

2 リスク管理

3 金融資産運用

4 タックスプランニング

5 不動産

6 相続・事業承継

03 金融商品のセーフティネット

重要度 ★★★

金融機関が破綻した場合、
私たちのお金を守るセーフティネットがあります

　預貯金は、金融機関が元本と利子の支払いを保証している安全性の高い商品です。しかし、預け入れた金融機関が破綻したら顧客の資産はどうなるのでしょうか。顧客の資産を守るいくつかのセーフティネットがあります。

金融機関が破綻した場合のさまざまな保護

◆ 銀行等が対象の預金保険制度

　預金保険制度は、銀行等の金融機関が破綻した際のセーフティネットです。日本国内に本店がある銀行、信託銀行、信用金庫などの金融機関（政府系金融機関は除く）は加入が義務づけられており、顧客から預かった預貯金等から保険料を支払っています。

　預金保険制度による保護は、1人1金融機関当たり一般預金等は**元本1,000万円までとその利息**で、「無利息・要求払い・決済サービスを提供できる」という3つの要件をすべて満たす**決済用預金は全額保護**されます。

◆ 農水産業協同組合貯金保険制度

　農業協同組合（JA）、漁業協同組合などは、預金保険制度による保護の対象ではありませんが、**農水産業協同組合貯金保険制度**に加入しており、預金保険制度と同様の保護を受けられます。

◆ 証券会社が対象の日本投資者保護基金

　日本国内で営業する証券会社は、**日本投資者保護基金**への加入が義務づけられています。証券会社では**顧客の資産は分別管理**が義務づけられているため、破綻しても保護預かり証券などの顧客資産に影響はありません。

　分別管理が徹底されていないなどの理由で顧客資産が速やかに返還されない場合は、日本投資者保護基金によって、投資家（一般顧客）1人当たり1,000万円まで補償されます。

1 資金計画
2 リスク管理
3 金融資産運用
4 タックスプランニング
5 不動産
6 相続・事業承継

◎ 預金保険制度のしくみ

破綻した金融機関に複数の預金口座がある場合は、合算して計算！

金融機関が破綻した際に保護する

政府、日本銀行、民間金融機関の出資により設立された組織

預金保険機構

保護の対象　個人・法人

預金者

預金・貯金を預ける

金融機関

保険料を支払う

◎ 預金保険制度の対象となる預金・ならない預金

保護の対象となる預金等	保護の対象とならない預金等
・預金（普通預金、通常貯金、貯蓄預金、通常貯蓄貯金、スーパー定期、定期貯金、定額貯金、大口定期預金、期日指定定期預金、変動金利定期預金等） ・定期積金 ・元本補てん契約のある金銭信託 ・保護預かり専用の金融債（ワイド等）	・外貨預金 ・譲渡性預金（CD） ・元本補てん契約のない金銭信託（ヒット等） ・金融債 ・抵当証券

◎ 預金保険制度による保護の内容

預金等の種類		保護の内容
制度の対象預金	決済用預金	全額保護
	決済用預金以外の預金等	元本1,000万円までとその利息等を保護
制度の対象外の預金等		破綻金融機関の財産の状況に応じて支払われる

ワンポイント

外貨預金は預金保険制度の対象外

外貨預金は国内の金融機関でも手軽にできますが、預金保険制度による保護の対象ではありません。ただし、金融機関が破綻したときに外貨預金の全額がなくなってしまうわけではなく、破綻した金融機関の財務状況に応じた額が戻ってきます。

04 金融商品❶

預金・貯金

元本保証で安全性が高い
貯蓄型商品の代表的な金融商品です

　金融商品は、**貯蓄型金融商品**と投資型金融商品に分けられます。貯蓄型金融商品は銀行等の金融機関にお金を預けるもので、その代表が預金や貯金です。金融機関が元本と利子の支払いを保証しているため、安全性が高い商品といえます。

金利の種類と貯蓄型金融商品の特徴

◆ 金利・利子・利率の基礎知識

　銀行等の金融機関にお金を預けると、金利（きんり）がつきます。**金利は「お金の使用料」**ということができ、利子と呼ぶこともあります。

　一方、利率とは、元本に対して支払われる**利子を年率で表したもの**です。つまり、元本100万円を預けて利率が3％であれば、1年後に3万円の利子が受け取れます。

　金利には、預け入れた元本に対してのみ利子を計算する**単利**（たんり）と、支払われた利子を元本に組み入れて、次の期間の利子を計算する**複利**（ふくり）があります。1年複利では年1回、半年複利では年2回の利払いがあります。

単利の計算式（元利合計）

$$元利合計 = 元本 \times (1 + \frac{年利率}{100} \times 預入期間)$$

複利の計算式（元利合計）

〈1年複利〉 $元利合計 = 元本 \times (1 + \frac{年利率}{100})^{年数}$

〈半年複利〉 $元利合計 = 元本 \times (1 + \frac{半年利率}{100})^{年数 \times 2}$

1 資金計画

2 リスク管理

3 金融資産運用

4 タックスプランニング

5 不動産

6 相続・事業承継

◆ 固定金利と変動金利

　固定金利は、預入時の利率が満期まで変わりませんが、**変動金利は、預入期間中でも市中金利の変動によって適用利率が変更**されます。

　金融商品ごとに、固定金利か変動金利か、あらかじめ決められています。

◎代表的な貯蓄型金融商品

> すぐに使わないお金を
> プールしておくのに適している

普通預金	貯蓄預金
預入金額：1円以上1円単位 預入期間：無期限 金利：変動金利 利払い：半年ごとに元本に組入れ ※総合口座の場合、定期預金等を担保とする 　自動融資の利用が可能	預入金額：1円以上1円単位 預入期間：無期限 金利：変動金利 利払い：半年ごとに元本に組入れ ※毎日の残高が基準残高以上の場合は、普通 　預金を上回る金利が適用される ※給与の支払いやカード代金の引き落とし 　などの決済に利用することはできない
スーパー定期預金	大口定期預金
預入金額：1円以上1円単位 預入期間：1カ月以上10年以内が一般的 金利：固定金利 利払い：2年以上の単利型は1年ごとに 　　　　中間利払いあり ※預入期間が3年未満は単利型のみ、3年以上 　は個人のみ単利と半年複利の選択ができる	預入金額：1,000万円以上1円単位 預入期間：1カ月以上10年以内が一般的 金利：固定金利、単利のみ 利払い：預入期間2年以上の場合、年ごと 　　　　に中間利払いあり ※店頭での相対取引により利率を決定する 　自由金利商品
定額貯金（ゆうちょ銀行）	定期貯金（ゆうちょ銀行）
預入金額：1,000円以上1,000円単位 預入期間：6カ月以降自由満期、 　　　　　最長10年まで 金利：固定金利 利払い：満期時または解約日に一括で 　　　　支払い ※預入期間に合わせて、6カ月刻みで金利が 　上昇する段階金利制	預入金額：1,000円以上1,000円単位 預入期間：1カ月、3カ月、6カ月、 　　　　　1・2・3・4・5年 金利：固定金利 利払い：2年物は中間利払いあり。それ以 　　　　外は満期時一括払い ※3年未満は単利のみ、3年以上は半年複利のみ

> 1,000万円以上ないと
> 預入れはできない

> ゆうちょ銀行の預入限度額は、通常貯金が
> 1,300万円、定期性貯金が1,300万円となる

債券

重要度 ★★★

さまざまな種類がある債券のしくみと
価格の変動要因を理解しましょう

　債券とは、国や企業などが資金を調達するために発行する証券であり、一
種の借用証書で、さまざまな種類があります。

債券の概要を押さえておこう

◆ 債券の種類とその分類方法

〈発行体による分類〉

公共債	国債	国（政府）が発行する債券　　例 個人向け国債
	地方債	都道府県や政令指定都市などの地方公共団体が発行する債券
民間債	金融債	特定の金融機関が発行する債券
	社債	一般事業会社（企業）が発行する債券

〈利払いの方法による分類〉

利付債	定期的に利子が支払われる債券
割引債	利子の支払いがない代わりに割り引いた金額で発行される債券

〈発行時期による分類〉

新発債	新しく発行される債券
既発債	すでに発行されて、債券市場に流通している債券

〈購入できる人による分類〉

公募債	誰でも購入できる債券
縁故債	発行者と特別な関係のある人だけが購入できる債券

◆ 債券のしくみと特徴

　利付債を発行する際は、あらかじめ**表面利率**と**償還期限**、**発行価格**が決め
られます。表面利率は額面金額に対する利子の割合で、一定期間ごとに利子
を受け取ることができます。償還期限とは満期のことで、満期時には額面金
額が償還されます。新発債は発行価格で購入することができます。

　債券の取引は債券市場で行われ、**満期前でも市場価格で売買**できます。

債券の発行に関する基本用語

表面利率	債券の額面金額に対して支払われる利子の割合。発行時に決められて、原則、満期まで変更されない。クーポンレートともいう
償還期限	債券の額面金額が償還される期日のこと
発行価格	新発債を発行する際の売出価格。債券の額面100円当たりの金額で表示する 例 額面100円当たり99円
利払い	利付債の利払いは年2回行われることが多い

債券の償還差益と償還差損

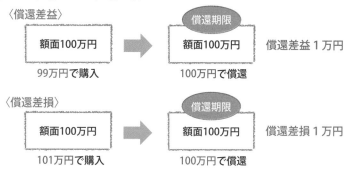

〈償還差益〉

額面100万円 → **償還期限** 額面100万円　償還差益1万円

99万円で購入　　100万円で償還

〈償還差損〉

額面100万円 → **償還期限** 額面100万円　償還差損1万円

101万円で購入　　100万円で償還

個人向け国債の種類と特徴

	変動10年	固定5年	固定3年
満期	10年	5年	3年
金利	変動金利 （6カ月ごとに適用利率を見直し）	固定金利	固定金利
適用利率	基準金利 × 0.66 最低保証0.05%	基準金利−0.05% 最低保証0.05%	基準金利−0.03% 最低保証0.05%
購入単位	1万円		
対象者	個人のみ		
発行時期	毎月		
換金	発行後1年間は中途換金禁止。1年経過すれば、中途換金調整額（直近2回分の税引後利子相当額）を支払うことで、額面での換金が可能		

10年物の個人向け国債は変動金利なので金利の上昇に備えられます！

1 資金計画
2 リスク管理
3 金融資産運用
4 タックスプランニング
5 不動産
6 相続・事業承継

債券は「４つの利回り」の考え方が重要となる

◆ 債券の利回りの考え方

「**債券投資は利回り投資**」といわれるほど、債券における利回りの考え方は重要です。債券の利回りとは、債券投資で得られる収益を投資金額で割ったもので、収益は１年当たりに換算して年平均利回りで考えます。

債券（利付債）の収益には、**利子**や**償還差益**、**償還差損**があります。債券は償還前に債券市場で売却することもできるので、その場合は**譲渡益**、**譲渡損**が発生します。これらの収益を合計したものを購入金額で割ったのが債券の利回りです。

債券の利回りには、①**応募者利回り**、②**最終利回り**、③**所有期間利回り**、④**直接利回り**の４つがあります。

◆ 債券価格と利回りの関係

債券投資をする際には、市中金利の動きをよく確認する必要があります。

市中金利が高いときに発行する債券は表面利率が高くなるため、受け取る利子の額が多くなります。

また、**市中金利と債券価格は逆の動き**をするため、市中金利が下落すると債券価格は上昇します。逆に、市中金利が上昇すると、債券価格は下落するので、途中で売却すると譲渡損が発生する可能性が高くなります。

債券価格が下落したときにその債券を購入すると、満期時に譲渡益が発生するため利回りは上昇します。

◆ 債券のリスクは格付けで判断する

債券のリスクを判断する際に利用したいのが、第三者機関である格付会社が評価した**格付け**です。

格付けは債券の信用力を簡単な記号で表すもので、安全性の高い順からAAA（トリプルエー）、AA（ダブルエー）、A（シングルエー）、BBB、BB、B、C、Dと表しますが、格付けが高いほど信用力が高く、発行体が破綻するリスクは低くなります。格付けが低くなるほど、発行体が破綻するリスクは高まりますが、債券価格が下落するため利回りは上昇します。一般的に**BBB 以上が投資適格債**、BB 以下が投機的格付債とされています。

1 資金計画

2 リスク管理

3 金融資産運用

4 タックスプランニング

5 不動産

6 相続・事業承継

◎ 4つの利回り

①**応募者利回り**：発行時に購入し、満期まで保有し続けたときの利回り

②**最終利回り**：既発債を時価で購入し、満期まで保有したときの利回り

③**所有期間利回り**：債券を満期まで保有せず、途中で売却したときの利回り

④**直接利回り**：投資金額に対して、毎年いくらの利子収入があるかを見る利回り

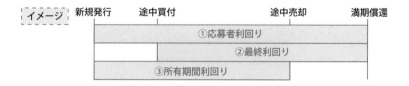

◎ 債券の利回りの計算方法

$$①応募者利回り(\%) = \frac{表面利率 + \dfrac{額面 - 発行価格}{償還年限}}{発行価格} \times 100$$

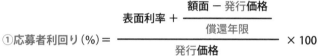

$$②最終利回り(\%) = \frac{表面利率 + \dfrac{額面 - 買付価格}{残存年限}}{買付価格} \times 100$$

額面100円当たり受け取れる年間の利子の額

購入額と償還金額の差、つまり償還差損益

債券の購入金額

> **例** 表面利率1.5%、残存年限4年の利付債を額面100円当たり100円40銭で購入して、満期まで所有した場合の最終利回りは？
>
> $$最終利回り = \frac{1.5 + \dfrac{100 - 100.4}{4}}{100.4} \times 100 ≒ 1.394\%$$

$$③所有期間利回り(\%) = \frac{表面利率 + \dfrac{売付価格 - 買付価格}{所有期間}}{買付価格} \times 100$$

$$④直接利回り(\%) = \frac{表面利率}{買付価格} \times 100$$

株式

株式を購入することの意味を知り
購入時に役立つさまざまな指標を理解しましょう

　株式は、株式会社が**資金を調達する**ために**発行する証券**です。株式を購入した人はその会社の株主になり、さまざまな権利が付与されます。これが株式と他の金融商品の大きな違いです。

〈株主の主な権利〉
経営参加権：株主総会で議決権を行使するなど、会社の経営に参加する権利
配当請求権：会社から剰余金の配当を受ける権利
残余財産分配請求権：会社が解散した場合、残った財産を受け取る権利

株式を取引するときに必要な基礎知識

◆ 株式の取引方法

❶取引単位

　株式には**単元株**（たんげんかぶ）が定められています。現在は、単元株は 100 株に統一され、取引の際は **100 株単位で売買**を行います。

❷証券取引所

　一般的な株式は証券取引所を通して売買します。証券取引所には**東京証券取引所**、名古屋証券取引所、福岡証券取引所、札幌証券取引所があります。東京証券取引所は、再編により、2022 年 4 月から**プライム、スタンダード、グロースの 3 市場**に区分されました。

❸注文方法

　株式の売買をするときには、証券会社に口座を開設します。注文時には、売買価格を指定する**指値注文**（さしねちゅうもん）と売買価格を指定しない**成行注文**（なりゆきちゅうもん）のどちらかを選びます。売り手と買い手の条件が合致して取引が成立することを**約定**（やくじょう）といい、**約定日から起算して 3 営業日目に代金の受渡し**を行います。その際、必要となるのは約定代金（株価 × 株数）と証券会社への**委託手数料**です。

◎ 株式投資のイメージ

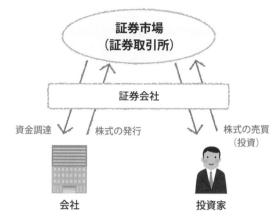

証券市場
（証券取引所）

証券会社

資金調達 ｜ 株式の発行　株式の売買
（投資）

会社　　　投資家

> 成行注文のほうが取引が成立しやすい
> が、思わぬ高値で約定するという事態も

◎ 成行注文と指値注文

成行注文	売買価格を指定しないで注文する方法で、そのときの株価で約定する 🖊「いくらでもいいので、1,000 株買いたい（売りたい）！」
指値注文	売買価格を指定して注文する方法で、その価格で売買したい人がいたら約定する 🖊「1,000 円で 1,000 株買いたい（売りたい）！」

＜売買のルール＞

成行注文優先の原則：指値注文よりも成行注文が優先して約定する

価格優先の原則：指値注文の場合、買い注文は価格が高いほうが、売り注文は価格が
　　　　　　　　低いほうが優先される

時間優先の原則：指値注文で価格が同じ場合、先に注文を出したほうが優先される

ワンポイント

東京証券取引所の区分の見直し

東京証券取引所は、市場第1部、市場第2部、マザーズ、ジャスダックに区分されていましたが、2022年4月以降は、①プライム市場、②スタンダード市場、③グロース市場の3つの区分に見直しが行われました。

1 資金計画

2 リスク管理

3 金融資産運用

4 タックスプランニング

5 不動産

6 相続・事業承継

◆ 代表的な株価指数

株価の平均値を算出したものが株価指数で、株式市場の動向をとらえるためには欠かせません。代表的な指数は、次の3つです。

〈代表的な株価指数〉
- 日経平均株価（日経225）
  プライム市場に上場している代表的な225銘柄から算出した修正平均株価
- 東証株価指数（TOPIX）
  プライム上場企業と1部上場だった時価総額100億円以上の企業などを対象とした時価総額加重平均型の株価指数
- JPX日経インデックス400（JPX日経400）
  東証に上場している全銘柄の中から、ROEなどを参考に、投資家にとって投資魅力の高い400銘柄を選択した時価総額加重平均型の株価指数

※時価総額とは、株価にその企業の発行済株式数を掛けたもので、会計上の会社規模を表す。その市場に上場しているすべての企業の時価総額を合計したものが、その市場の規模になる

◆ 株式の銘柄選びの目安になる相場指標

投資銘柄を選択する際に、企業の売上高や純資産の額など内部的な要因を基に株価の割安性などを分析する方法をファンダメンタルズ分析といいます。ファンダメンタルズ分析で用いられる代表的な指標には、①PER（株価収益率）、②PBR（株価純資産倍率）、③ROE（自己資本利益率）、④配当利回り、⑤配当性向などがあります。

株式投資による投資家の収益には、売買による譲渡益（キャピタルゲイン）と株式を保有することで得られる配当金（インカムゲイン）があります。

PERやPBRは株価の割安性を比較する指標で、キャピタルゲインを目的に投資をする際に目安にすることが多い指標です。同業他社や市場全体と比較して、数値が小さければ株価が割安、数値が大きければ株価が割高と判断できます。配当利回りや配当性向は、配当金に関わる指標なので、インカムゲインを目的とする投資家が参考にすることが多い指標です。

ROEは、自己資本（投資家が投資をした資本）を使って、その企業がどれだけ効率的に利益を上げているかを見る指標です。

5つの代表的な相場指標

①PER (株価収益率)	1株当たり利益を基に株価の割安性を比較する指標

$$PER(倍) = \frac{株価}{1株当たり純利益}$$

例

	株価	1株当たり純利益	PER
A社株式	1,000円	50円	20倍
B社株式	600円	50円	12倍

B社株式のほうが割安なので「B社株式のほうがオススメ銘柄！」と判断できる

➡ 同業種の企業と比較して、PERが低い銘柄が割安、PERが高い銘柄は割高

②PBR (株価純資産倍率)	1株当たり純資産を基に株価の割安性を見る指標

$$PBR(倍) = \frac{株価}{1株当たり純資産}$$

PBRの数字が小さいほうが割安と判断できる

③ROE (自己資本利益率)	自己資本（株主が投資した金額）を使ってどれだけ効率的に利益を上げているかを見る指標

$$ROE(\%) = \frac{当期純利益}{自己資本} \times 100$$

ROEが高いほど、利益効率がいいと判断できる！

④配当利回り	株価（投資金額）に対してどのくらいの配当があるかを見る指標

$$配当利回り(\%) = \frac{1株当たり年配当金}{株価} \times 100$$

投資家にとっては、配当利回りが高いのは魅力的！

⑤配当性向	企業が利益の何割を配当金として株主に還元しているかを見る指標

$$配当性向(\%) = \frac{1株当たり年配当金}{1株当たり純利益} \times 100$$

株式関連の商品

株式ミニ投資 (ミニ株)	1単元の10分の1の単位（10株）で株式を売買する制度。指値注文はできず、一般に注文日の翌日の始値が約定金額になる
株式累積投資 (るいとう)	自分で選択した銘柄を毎月1万円以上100万円未満の一定金額の積立方式（ドルコスト平均法）で購入する

ミニ株は、少ない資金で投資をしたい人にオススメ！

※ドルコスト平均法とは、一定期間ごとに同じ金額で買増しをしていく方法のこと（128ページ参照）

1 資金計画

2 リスク管理

3 金融資産運用

4 タックスプランニング

5 不動産

6 相続・事業承継

株式関連のさまざまな取引方法

◆ 信用取引

　信用取引とは、**証券会社に委託保証金を差し入れて、必要な資金を借りて株式を購入したり、株券を借りて株式を売却する取引**です。委託保証金は売買代金の一部で済むので、自己資金の何倍かの取引ができることが魅力ですが、株価の動向次第では大きな損失を被ることもあります。

❶委託保証金

　委託保証金は金銭で差し入れる方法と、金銭に代えて上場株式等の有価証券（代用有価証券）で差し入れる方法があります。代用有価証券で差し入れる場合は、有価証券の時価に一定の掛け率（代用掛目）を掛けた額が委託保証金としての評価額になります。

　約定金額に対して差し入れる必要のある委託保証金の率を**委託保証金率**といい、**法令では30%以上かつ30万円以上**と定められています。

❷追加保証金（追証）

　信用取引では、購入した株式や代用有価証券の評価額が下がった場合、**追加の保証金（追証）を求められる**ことがあります。これによって、当初差し入れた委託保証金以上の損失を被ることがあります。

◆ デリバティブ（金融派生商品）

　株式、金利、為替（通貨）などの伝統的な商品から派生してできたのがデリバティブ（金融派生商品）です。デリバティブには、**先物取引、オプション取引、スワップ取引**などがあり、リスクヘッジを目的として利用したり、投機を目的に取引されたりすることもあります。

　オプション取引は、**原資産（株式、債券、為替など）を将来の一定期日または一定期間内に、一定の価格で買う、または売る権利を売買する取引**です。「買う権利」を買う取引を**コール・オプションの買い**といい、取引の対象となる原資産の価格が上昇した場合、権利行使することで利益を得ることができます。対象となる原資産の価格が下落した場合は権利放棄することができるため、損失は限定されます。一方、「売る権利」を買う取引を**プット・オプションの買い**といい、原資産価格が下落すると利益が得られます。

◎ 信用取引のイメージ

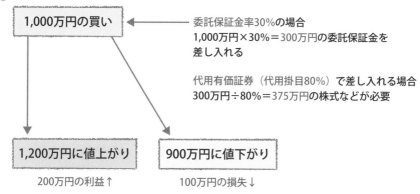

委託保証金率30%の場合
1,000万円×30%＝300万円の委託保証金を
差し入れる

代用有価証券（代用掛目80%）で差し入れる場合
300万円÷80%＝375万円の株式などが必要

1,000万円の買い

1,200万円に値上がり　　　900万円に値下がり

200万円の利益↑　　　　　100万円の損失↓

◎ 信用取引の種類

制度信用取引	・証券取引所が、対象となる銘柄、品貸料や弁済の期限（満期）などを決める ・対象となる銘柄は、証券取引所が決めた個別銘柄の株式、ETF、J-REIT など ・弁済の期限（満期）は6カ月
一般信用取引	・対象銘柄や品貸料、弁済の期限等を証券会社が自由に決めることができる ・一般的に制度信用取引よりも、満期が長い、または満期がない場合もある

◎ オプション取引（コール・オプションの買い）のイメージ

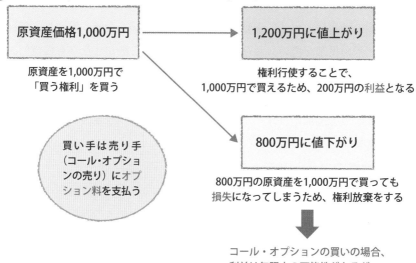

原資産価格1,000万円　　→　　1,200万円に値上がり

原資産を1,000万円で
「買う権利」を買う

権利行使することで、
1,000万円で買えるため、200万円の利益となる

買い手は売り手
（コール・オプショ
ンの売り）にオプ
ション料を支払う

800万円に値下がり

800万円の原資産を1,000万円で買っても
損失になってしまうため、権利放棄をする

コール・オプションの買いの場合、
利益は無限大の可能性があるが、
損失はオプション料に限定される

1 資金計画
2 リスク管理
3 金融資産運用
4 タックスプランニング
5 不動産
6 相続・事業承継

投資信託

重要度 ★★★

投資信託は、リスクを抑えた分散投資と
専門家による運用が魅力です

　投資信託とは、複数の投資家から小口の資金を集めて、投資の専門家であるファンドマネージャーが債券や株式、不動産などに分散投資をして、その利益を投資家に分配・還元するしくみの金融商品です。投資信託のメリットは、**複数の商品に分散投資することによってリスクを抑えた運用ができる**こと、専門家が運用するため運用益が期待できることなどが挙げられます。

投資信託を活用するために知っておきたい基礎知識

◆ 投資信託のしくみ

　投資信託には**契約型**と**会社型**があります。日本の場合、債券や株式などの証券で運用する投資信託はすべて契約型です。一方、不動産で運用する投資信託（J-REIT／122・198ページ）は会社型となっています。

　契約型の投資信託では、証券会社や銀行などの**販売会社**、**委託者**、**受託者**がそれぞれの役割を担い、お互いにチェック機能を働かせながら投資信託というしくみを実現しています。

　投資信託は、その投資対象によって、**公社債投資信託**と**株式投資信託**、購入時期によって**追加型（オープン型）**と**単位型（ユニット型）**に分類することができます。

◆ 投資信託のコストとディスクロージャー（情報開示）

　投資信託はプロが運用する商品であり、株式とは異なるさまざまな費用が必要です。購入時に支払う**購入時手数料**、保有している期間中徴収される**運用管理費用（信託報酬）**、換金時に支払う**信託財産留保額**などです。

　また、投資信託では投資家に交付が義務づけられている資料があります。売買契約を締結する前に交付する**目論見書**、決算時に交付する**運用報告書**などで、委託者が作成し、販売会社を通じて投資家に交付されます。

◎ 契約型投資信託のしくみ

販売会社の業務	委託者の業務	受託者の業務
投資信託の募集・販売、目論見書、運用報告書の交付	運用の指図、目論見書、運用報告書の作成	資金の管理・保管

◎ 投資対象による分類

公社債投資信託	・約款上、株式を組み入れることができない投資信託 ・公社債を中心に運用する
株式投資信託	・約款上、株式を組み入れることができる投資信託 ・公社債を組み入れることもできる

> 株式投資信託では、実際に株式がどのくらい組み入れられているのかを確認することが重要

◎ 購入時期による分類

> 現在は、追加型の投資信託が主流です！

追加型 (オープン型)	いつでも追加購入することができる
単位型 (ユニット型)	当初募集期間中だけ購入できる

◎ 投資信託のディスクロージャー資料

> 目論見書は、投資信託を購入する前に必ずチェック！

目論見書	・投資信託の運用方針、運用方法、諸手数料等が記載されている ・基本的な情報のみの交付目論見書と、より詳細に記載された請求目論見書がある ・投資家に交付が義務づけられているのは交付目論見書
運用報告書	・決算時に運用報告書を作成して投資家に交付することが義務づけられている ・有価証券の組入れ状況、資産・負債の状況、費用の明細、今後の運用方針などが記載されている

📖✏ ワンポイント

投資信託の基本的な用語を覚えておこう

基準価額：投資信託の時価。売買する際の基になる金額

個別元本：投資信託の取得額。譲渡損益は個別元本を基に計算する

分配金：一定期間ごとに還元される収益の一部のこと

1 資金計画
2 リスク管理
3 金融資産運用
4 タックスプランニング
5 不動産
6 相続・事業承継

◆ **主な追加型公社債投資信託**

　代表的な追加型公社債投資信託は MRF です。公社債を中心に運用するので、比較的リスクが低い商品ですが、元本が保証されているわけではありません。

◆ **投資信託の運用スタイルによる分類**

　投資信託を運用スタイルで分類する場合、**パッシブ運用**と**アクティブ運用**に大別されます。パッシブ運用は TOPIX などの**ベンチマークに連動**すること、アクティブ運用はファンドマネージャーなどが積極的に運用して**ベンチマークを上回る収益**を目指すことを目的とした投資信託です。パッシブ運用よりもアクティブ運用のほうが手数料などのコストが高くなります。

　アクティブ運用の投資信託は、運用手法によって、経済全体の動きを見て銘柄を選ぶ**トップダウン・アプローチ**、企業を分析して銘柄を選ぶ**ボトムアップ・アプローチ**、企業の成長性を重視する**グロース運用**、株価の割安性を重視する**バリュー運用**などに区分されます。

◆ **証券取引所に上場している投資信託**

・ **ETF（上場投資信託）**

　証券取引所に上場している投資信託で、日経平均株価や東証株価指数（TOPIX）といった株価指標などに連動するようにつくられています。最近では、債券や為替相場、金価格などに連動するものなど、さまざまな種類のETF が販売されています。

・ **J-REIT（上場不動産投資信託）**

　投資家から集めた資金を不動産で運用する投資信託で、投資法人を設立し証券取引所に上場して運用を行う会社型の投資信託です。収益の中心は不動産の売買益ではなく、家賃収入なので、ミドルリスク・ミドルリターンの商品といえます。

◆ **投資信託で運用するファンド・オブ・ファンズ**

　ファンド・オブ・ファンズは、集めた資金を投資信託で運用する投資信託で、株式を組み入れることはできません。投資信託を組み入れているため、諸費用が二重にかかるデメリットもあります。

◎ 主な追加型公社債投資信託である MRF の内容

MRF (マネー・リザーブ・ファンド)	・証券総合口座用の投資信託 ・いつでもペナルティなしで換金が可能 ・毎日決算を行い、分配金は月末にまとめて再投資する ・元本は保証されていないが、元本割れした場合は投資信託委託会社が補てんすることが可能

◎ 投資信託の運用スタイルによる分類

> ベンチマークとは、運用成績を評価する際の基準となる指標のこと

パッシブ運用	日経平均株価や東証株価指数などのベンチマークに連動することを目的とする投資信託
アクティブ運用	ベンチマークを上回る運用収益を目指す投資信託
トップダウン・アプローチ	マクロ的な経済状況を分析し、国別・業種別の組入比率を決め、その範囲内で個別銘柄を組み入れる手法
ボトムアップ・アプローチ	企業分析により個別銘柄を選択し、その積み上げによってポートフォリオを構築する手法
グロース運用	将来の成長性を重視して個別銘柄を選択する手法。一般的にPERやPBRが高い銘柄が多くなる
バリュー運用	企業価値に比べて株価が割安な銘柄を組み入れる手法。PERやPBRなどの指標で分析して割安な銘柄を組み入れる

> 投資信託の運用スタイルは試験に頻出です

ブル・ベア型ファンドとは？

ブル・ベア型ファンドは、オプションを利用して運用する投資信託です。ブル型ファンドは相場が上昇したときに利益が出るように設計されていて、ベア型ファンドは相場が下落したときに利益が出るように設計されています。リターンが大きい半面、リスクも高くなります。

1 資金計画
2 リスク管理
3 金融資産運用
4 タックスプランニング
5 不動産
6 相続・事業承継

08 金融商品❺

重要度 ★★★

外貨建て金融商品

高金利なものが多い外貨建て金融商品の
特徴とリスクを知っておきましょう

　外貨建て金融商品とは、米ドルや豪ドル、ユーロなどの外貨で運用する金融商品です。主なものには、**外貨預金、外国債券、外国株式、外国投資信託**などがあります。**外国為替証拠金取引（FX）**は、外国通貨を交換し、その差益を目的とした商品です。

為替リスクを持つ外貨建て商品のしくみを理解しよう

◆円貨と外貨を交換する為替レート

　外貨建て商品を購入するには、円を外貨に交換する必要があります。そして、満期を迎えたり売却したときには、外貨を円に交換して受け取ります。通貨の交換は、そのときの**為替レート**で行われ、円を外貨に交換するときと外貨を円に交換するときでは、異なる為替レートが適用されます。

TTS （対顧客電信売相場）	**顧客が円を外貨に交換するときの為替レート** ※金融機関が顧客に外貨を売る（Selling）
TTB （対顧客電信買相場）	**顧客が外貨を円に交換するときの為替レート** ※金融機関が顧客から外貨を買い取る（Buying）

◆外貨建て商品の為替リスク

　為替レートはつねに変動しています。外貨建て商品の購入時と比較して、**為替レートが円安に推移すれば為替差益**を得ることができますが、**為替レートが円高に振れると為替差損**を被ってしまいます。

　外貨預金は、その通貨では元本が保証されていますが、円建てで換算した場合、為替レートの変動によって元本割れをすることもあります。為替リスク以外にも、投資先の国のカントリーリスク（政治経済の情勢による危険の度合い）を考える必要があります。

1 資金計画

2 リスク管理

3 金融資産運用

4 タックスプランニング

5 不動産

6 相続・事業承継

◎ 為替レート（円高・円安）の考え方

1 ドル ＝ 100円

→ **円安** → 為替差益を得る

1 ドル ＝ 110円

1 ドル保有している場合
円貨で100円だったものが 110円になる

→ **円高** → 為替差損を被る

1 ドル ＝ 90円

1 ドル保有している場合
円貨で100円だったものが90円になる

◎ 主な外貨建て金融商品

Check！
外貨預金は預金保険制度の対象外！

外貨預金	**外貨で行う預金** ・米ドルや豪ドル、ユーロ、ポンドなど、さまざまな通貨の取扱いがある ・外貨普通預金はいつでも換金可能 ・外貨定期預金は原則として満期まで解約できない
外国債券	**発行主体、発行通貨、発行場所のいずれかが海外である債券** ・外貨建て外国債券（ショーグン債） 　払込み、利払い、償還のいずれも外貨で行う → 為替リスクが高い ・円建て外国債券（サムライ債） 　払込み、利払い、償還のいずれも円建てで行う → 為替リスクはない ・デュアル・カレンシー債（二重通貨建て債券） 　払込み、利払いは円貨で、償還は外貨で行う ・リバース・デュアル・カレンシー債（逆二重通貨建て債券） 　払込み、償還は円貨で、利払いは外貨で行う
外国株式	**外国の企業が発行する株式** ・外国取引：証券会社が顧客の注文を取り次いで、外国の証券会社に注文 ・国内委託取引：国内の証券取引所に上場されている外国企業の株式を売買 ・国内店頭取引：証券会社が保有する外国株式を購入
外貨建て MMF	**外貨建ての公社債投資信託** ・外国の公社債で運用する ・いつでもペナルティなしで換金することができる
外国為替証拠金取引 （FX）	・外国通貨の売買を行う ・少額の証拠金を担保にして、その何倍も（最大25倍）の高額な取引を行う（レバレッジ効果の高い取引） ※レバレッジとは、少額の資金で多額の取引ができること

Check！
FXはハイリスク・
ハイリターンの商品！

09 ポートフォリオ理論

金融商品の特質を知り
ポートフォリオを組んで効率的に運用します

　ポートフォリオとは、**保有する資産の分散・組み合わせ**のことです。金融商品にはそれぞれ異なる特質がありますが、複数の商品を組み合わせることで効率的に運用でき、リスクを低減する効果があります。

　ポートフォリオ運用とは、複数の銘柄に分散投資をして運用すること、アセット・アロケーションとは、株式や債券、預貯金、不動産といった複数の資産に分散投資をすることです。

　リスクは、一般的に「危険」と訳されることも多いのですが、金融では「不確実性」を表し、**予想される利益や損失が実現される確率**といった意味になります。

ポートフォリオを組んで、リスクを低減しつつ成果を上げる

◆ 相関係数とリスク低減効果

　たとえば、2つの証券を組み合わせて運用する場合、その証券同士が違う値動きをするほどポートフォリオのリスク低減効果は高まります。同じ値動きをする2つの証券を組み合わせてもリスク低減効果はありません。2つの証券の値動きの関係を相関係数（そうかんけいすう）といいます。相関係数は−1から＋1の間の値を取り、**＋1から−1に近づくほどリスク低減効果が高く**なります。

◆ リターンとリスクの指標

　ポートフォリオを組むことでリスクを低減させることができますが、同時にリターンも変化します。リターンを比較する指標の代表的なものが**期待収益率**で、ポートフォリオの各組入資産の期待収益率を組入比率で加重平均して求めます。リスクを測る指標の代表は**標準偏差**（ひょうじゅんへんさ）で、分散の平方根で求められます。**標準偏差の値が高くなるほど、そのポートフォリオのリスクは高く**なります。

◎ ポートフォリオとアセット・アロケーション

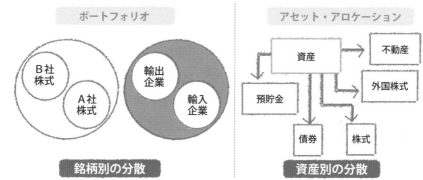

ポートフォリオ

B社株式
A社株式

輸出企業
輸入企業

銘柄別の分散

アセット・アロケーション

資産 → 不動産
資産 → 外国株式
預貯金
債券　株式

資産別の分散

◎ 相関係数とリスク低減効果

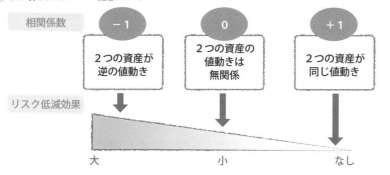

相関係数

－1
2つの資産が逆の値動き

0
2つの資産の値動きは無関係

＋1
2つの資産が同じ値動き

リスク低減効果

大　　　　　小　　　　　なし

◎ ポートフォリオのリターンとリスクの指標

	期待収益率	組入比率
株式	50%	20%
株式投資信託	20%	50%
債券	10%	30%

> 期待収益率は、そのポートフォリオの各組入資産の期待収益率を組入比率で加重平均して求める

期待収益率 ＝50% × 0.2 ＋ 20% × 0.5 ＋ 10% × 0.3 ＝ 23%

標準偏差 ＝ $\sqrt{分散}$ ＝ $\sqrt{201}$ ≒ 14.2%

分散 ＝ $\left[(各組入資産の期待収益率 － 期待収益率)^2 × 組入比率 \right]$ の合計

$(50\% － 23\%)^2 × 0.2 ＋ (20\% － 23\%)^2 × 0.5 ＋ (10\% － 23\%)^2 × 0.3$

＝ **201**

> 標準偏差はリスクを測る代表的な指標で、標準偏差の値が高いほどリスク（不確実性）は大きくなる

1 資金計画
2 リスク管理
3 金融資産運用
4 タックスプランニング
5 不動産
6 相続・事業承継

ポートフォリオの評価指標と分散投資の方法を上手に利用する

◆ ポートフォリオ運用の評価をする指標

　ポートフォリオを組んで資産運用をする場合、その**ポートフォリオのリターンは組み入れた各資産のリターンを組入比率で加重平均した値**となりますが、**リスクは組み入れた各資産のリスクを組入比率で加重平均した値よりも小さくなります**。これがポートフォリオのリスク低減効果です。ただ、いずれにしてもリスクを取って資産運用しているわけですから、そのリスクに見合ったリターンを得たいと思うはずです。

　シャープレシオは、ポートフォリオの運用成果を評価する指標で、**1リスク（標準偏差）当たりの超過リターンを求める**ことで、リスクの異なるポートフォリオの運用成果を比較評価することができます。超過リターンとは、ポートフォリオの収益率から無リスク資産利子率を引いたもので、投資家がリスクを取って運用した収益に相当する部分です。無リスク資産利子率はリスクを取らなくても得られる収益率で、一般的に国債の利子率などを用います。

　2つの異なるポートフォリオのシャープレシオを比較して、**数値の大きいほうが効率よく運用されていた**と評価することができます。

◆ 効率的な運用手法のドルコスト平均法

　分散投資の手法として、複数の銘柄に分散する方法（ポートフォリオ）や複数の資産に分散する方法（アセット・アロケーション）などがありますが、時間を利用した分散投資の方法にドルコスト平均法があります。

　ドルコスト平均法とは、**同一の資産を、一定の間隔で一定の金額、継続的に投資する方法**です。同じ金額を継続的に購入することで、対象となる資産が値上がりしたときは少しだけ購入し、値下がりしたときには多く購入することができるため、**平均購入単価を引き下げる効果があります**。

　ただし、対象となる資産が値上がりし続けた場合や、値下がりし続けた場合など、ドルコスト平均法による購入が必ずしも有利に働かない場合もあります。

◎ シャープレシオの計算

$$シャープレシオ = \frac{ポートフォリオの収益率-無リスク資産利子率}{標準偏差}$$

	ポートフォリオの収益率	標準偏差
ポートフォリオA	9.4%	4.0%
ポートフォリオB	6.6%	1.6%

※無リスク資産利子率は1.0%とする

$$ポートフォリオAのシャープレシオ = \frac{9.4-1.0}{4.0} = 2.1$$

$$ポートフォリオBのシャープレシオ = \frac{6.6-1.0}{1.6} = 3.5$$

ポートフォリオBのほうがポートフォリオAと比較して収益率は低いが、
シャープレシオが高いため、1リスク当たりのリターンが高く効率的に運用されたと評価できる

◎ ドルコスト平均法の計算

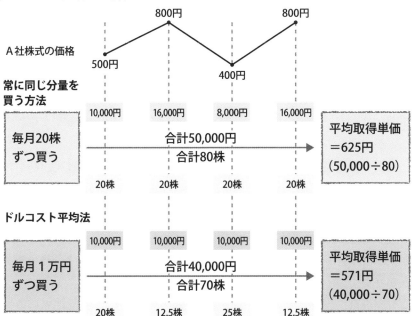

毎月同じ金額ずつ購入する（ドルコスト平均法）ほうが平均取得単価が低くなる

1 資金計画
2 リスク管理
3 金融資産運用
4 タックスプランニング
5 不動産
6 相続・事業承継

金融商品の利子や配当などには税金がかかります。
税金の種類は金融商品ごとに異なります

　個人が金融商品に投資をして得た収益には、**所得税、復興特別所得税、住民税**が課されます。

税金は、源泉徴収の場合と申告が必要な場合がある

◆ 預貯金の利子にかかる税金

　預貯金の利子は利子所得です。利子の支払い時に 20.315％（所得税 15％、復興特別所得税 0.315％、住民税 5％）が**源泉徴収**されます。

◆ 債券（特定公社債）にかかる税金

　利付債の利子は、**利子所得**として支払い時に 20.315％が源泉徴収され、**申告分離課税**の対象となります。償還差益と譲渡益は譲渡所得として 20.315％の**申告分離課税**がかかります。

◆ 株式にかかる税金

　株式の配当は配当所得に該当します。配当の支払い時に 20.315％が**源泉徴収**されますが、確定申告をすることで**総合課税**や**申告分離課税**を選択することができます。

　株式の譲渡益は**譲渡所得**に該当し、20.315％の**申告分離課税**がかかりますが、特定口座（源泉徴収ありの場合）を利用すれば証券会社が代わって納税するため、個人で確定申告をする必要はありません。

◆ 投資信託にかかる税金

　公社債投資信託は債券と同様の税金、株式投資信託は株式と同様の税金がかかります。

　分配金は、公社債投資信託の場合は、**利子所得**として 20.315％の**申告分離課税**、株式投資信託の場合は、**配当所得**として 20.315％の源泉徴収（総合課税、申告分離課税の選択も可能）がかかります。

◉ 預貯金の利子にかかる税金

100万円	利率3% の場合 →	利子 3万円	**利子は利子所得に該当する**		
			所得税	15%	合計で20.315% が源泉徴収される （源泉分離課税）
			復興特別所得税	0.315%	
			住民税	5%	

◉ 他の金融商品にかかる税金

債券	利子	利子所得：20.315%の申告分離課税 支払い時に源泉徴収され、申告不要を選択可能
	償還差益、譲渡益	譲渡所得：20.315%の申告分離課税
株式	配当	配当所得：20.315%の源泉徴収（申告不要） 確定申告で総合課税、申告分離課税の選択可能
	譲渡益	譲渡所得：20.315%の申告分離課税
投資信託	分配金	〈公社債投資信託〉 利子所得：20.315%の申告分離課税 支払い時に源泉徴収され申告不要を選択可能 〈株式投資信託〉 配当所得：20.315%の源泉徴収（申告不要） 確定申告で総合課税、申告分離課税の選択可能
	解約益、譲渡益	譲渡所得：20.315%の申告分離課税

申告分離課税のものは、その中で利益と損失を相殺できる（損益通算）

※投資信託の分配金は、普通分配金のみが課税の対象

◉ 外貨建て商品にかかる税金

外貨預金	利子	利子所得：20.315%の源泉分離課税
	為替差益	為替予約なし：雑所得として総合課税 為替予約あり：利子所得として20.315%の源泉分離課税

※外国債券、外国株式の課税は、国内の債券や株式の課税関係と同じ

債券や株式は特定口座（源泉徴収あり）で購入すれば、税金は源泉徴収されるため、確定申告は不要になります

1 資金計画

2 リスク管理

3 金融資産運用

4 タックスプランニング

5 不動産

6 相続・事業承継

11 NISA（少額投資非課税制度）

NISA は、投資で得た利益が非課税になる制度。
2024 年から大幅に拡充されました。

　金融商品から得た収益は課税の対象ですが、税金がかからない制度もあります。

　今注目されている **NISA（少額投資非課税制度）は、毎年一定の金額まで上場株式や株式投資信託などに非課税で投資できる制度**です。また、マル優（障害者等の少額利子非課税制度）や財形貯蓄制度は使える人が限られていますが、一定金額まで利子が非課税です。

NISA、マル優、財形貯蓄制度など非課税になる制度を活用しよう

◆ 非課税で投資をするならNISA

　NISA は、投資から得られる配当や分配金、譲渡益が非課税になる制度で、2024 年から拡充・恒久化されました。**年間 120 万円まで長期の分散・積立投資に適した公募株式投資信託・ETF を購入できるつみたて投資枠**と、**年間 240 万円まで上場株式、公募株式投資信託、ETF、J-REIT を購入できる成長投資枠**の 2 つがあり、併用可能です。

　生涯の投資枠は 1,800 万円ですが、保有商品を売却すれば翌年から枠の再利用が可能です。NISA 口座は 1 人 1 口座しか開設できませんが、年ごとに金融機関の変更をすることが可能です。

◆ 利子が非課税になるマル優と財形貯蓄制度

　マル優は、障害者等の人が利用でき、銀行や信託銀行などの預貯金の利子が元本 350 万円まで非課税となる制度です。特別マル優も使えば合計で 700 万円まで非課税で預入れができます。

　財形貯蓄制度は、給与所得者が利用できる給与天引きの非課税制度です。一般財形貯蓄は非課税ではありませんが、財形住宅貯蓄、財形年金貯蓄は元利合計で 550 万円までの預入れが非課税となります。

NISA のつみたて投資枠と成長投資枠

	つみたて投資枠	成長投資枠
対象者	1月1日現在で18歳以上の国内居住者	
対象商品	長期の分散・積立投資に適した一定の公募株式投資信託、ETF	上場株式、公募株式投資信託、ETF、J-REIT
年間投資枠	120万円	240万円
生涯非課税枠	1,800万円（枠の再利用が可能）	
		うち1,200万円まで
非課税期間	無期限	
その他	・1人1口座のみ ・2つの枠の併用可能（同一年に両方の枠を利用することで、年360万円まで投資できる）	

マル優・特別マル優の対象商品

	対象商品
マル優	銀行：スーパー定期、変動金利定期預金、貯蓄預金　など 信託銀行：ヒット、スーパーヒット 債券：利付国債、個人向け国債、普通社債　など 投資信託：公社債投資信託
特別マル優	利付国債、公募地方債

大口定期預金など、最低預入金額が350万円超の商品は対象外

非課税の財形貯蓄制度

	財形年金貯蓄	財形住宅貯蓄
年齢	55歳未満	
貯蓄目的	60歳以降の年金の積立て	自己名義の住宅の取得、増改築費用の積立て
積立期間	5年以上	
非課税限度額	＜貯蓄型＞ 元利合計550万円まで ＜保険型＞ 払込保険料累計額385万円まで	＜貯蓄型＞ 元利合計550万円まで ＜保険型＞ 払込保険料累計額550万円まで

財形貯蓄制度では、目的外の払出しをすると、5年分の利子等がさかのぼって課税の対象となる！

1 資金計画
2 リスク管理
3 金融資産運用
4 タックスプランニング
5 不動産
6 相続・事業承継

12 金融に関連した法律

取引上のトラブルから消費者・投資家を
保護する法律を押さえましょう

金融に関連する法律には、**金融サービス提供法**、**消費者契約法**、**金融商品取引法**などがあります。消費者や投資家を保護するためのさまざまな規定があるので、それぞれの法律の内容を理解しておきましょう。

消費者や投資家を保護するための法律

◆ 金融サービス提供法と消費者契約法

金融サービス提供法と消費者契約法は、消費者保護を目的としています。

金融サービス提供法は金融商品の売買契約が対象で、金融商品販売業者等に対して**重要事項の説明義務**を定めています。この規定に違反した結果、投資家が損失を被った場合、投資家は金融商品販売業者等に対して**損害賠償の請求**をすることができます。

消費者契約法は、金融商品の売買契約だけでなく、消費者と事業者の契約が幅広く対象となります。事業者の不適切な勧誘で消費者が誤認・困惑して契約をした場合、**契約を取り消すことができる**と規定されています。過量な契約（通常の分量等を著しく超えるもの）や社会生活上の経験不足の不当な利用による契約なども取消しが可能で、消費者に一方的に不利な条項は無効となります。取消権の行使期間は、違法な契約に気づいてから**1年間**です。

◆ 投資家の保護が目的の金融商品取引法

金融商品取引法は、証券取引法等に関連する80本以上の法律を一本化したもので、金融商品取引業者が守るべきルールが定められています。代表的なものは、**契約締結前書面の交付義務**、**断定的判断の提供の禁止**、**広告の規制**、**適合性の原則**などです。適合性の原則については、「顧客の知識、経験、財産の状況および契約を締結する目的に照らして不適切な勧誘を行わず、顧客が理解できるように重要事項を説明しなければならない」とされています。

第 4 章

タックス
プランニング

この章では、所得税や住民税、法人税など税金に
関する知識を学習します。所得税、住民税は個人
に課せられる税金です。税額計算の手順について、
所得税を中心に理解しましょう。試験では計算問題
が頻出ですが、計算手順をきちんと理解していれば
正解できます。また、法人税でも計算手順の概要を
マスターしましょう。個人事業主の青色申告の要件
やメリットも頻出テーマのひとつです。

01 所得税のしくみ

申告納税方式の所得税は納付税額を計算するまでに
5つのステップがあります

　わが国の税金は、その性質や納税方法などにより、いくつかに分類することができます。そのうち、個人の所得に課されるのが**所得税**と**個人住民税**（160 ページ）です。

所得税の課税方式と計算方法

　所得税は、国が課す**国税**で、納税義務者（税を納める人）と担税者（税を負担する人）が同一である**直接税**です。住民税は、地方公共団体が課す**地方税**であり、所得税と同じく直接税です。

　また、所得税は原則、納税者が自分で税額を計算して納付する**申告納税方式**、住民税は課税主体が税額を計算して納税者に通知する**賦課課税方式**になっています。

◆所得税の基本原則

　所得税は、**個人の収入から、その収入を得るためにかかった経費を差し引いた所得にかかる税金**で、①**個人単位課税**（世帯ではなく、個人単位で課税）、②**暦年単位課税**（1 月 1 日から 12 月 31 日までの 1 年間を課税期間として計算）、③**応能負担**（各人の税を負担する能力〈担税力〉に応じた税額を負担）の 3 つの原則から成り立っています。

◆所得税の計算の流れ

　所得税は、次の 5 つのステップで計算することができます。

Step 1 収入を 10 種類の**所得**に分類し、それぞれの所得の額を計算する

Step 2 各種所得を合計して、**課税標準**を計算する

Step 3 課税標準から所得控除を差し引いて、**課税所得金額**を計算する

Step 4 課税所得金額に税率を掛けて、**所得税額**を計算する

Step 5 所得税額から税額控除を差し引いて、**納付税額**を計算する

◉ 所得税の計算の流れ

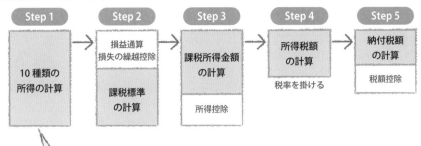

Step 1	Step 2	Step 3	Step 4	Step 5
10種類の所得の計算	損益通算 損失の繰越控除 / 課税標準の計算	課税所得金額の計算 / 所得控除	所得税額の計算 / 税率を掛ける	納付税額の計算 / 税額控除

<総合課税と分離課税>

10種類に分けた所得は、総合課税の所得と分離課税の所得に分けられる

総合課税の所得：各所得を合計した総所得金額を算出してから税率を掛ける

分離課税の所得：個別に税率を掛ける。分離課税には、確定申告が必要な申告分離課税と源泉徴収により納税が完結する源泉分離課税がある

◉ 所得税が非課税となるもの

・マル優制度、財形制度、NISAの対象となる利子等

・給与所得者の通勤手当（月15万円まで）

・社会保険の給付金等（労災や雇用保険の給付金、障害給付、遺族給付）

・身体の傷害、心身の損害に起因する保険金・給付金等

・家具や衣類などの生活用動産の譲渡（ただし1個30万円のものまで）

・宝くじの当せん金

> 障害年金、遺族年金は非課税で、老齢年金は課税対象です！

ワンポイント

所得税は、計算の流れを押さえよう！

所得税は申告納税方式ですが、給与所得者である会社員の多くは会社の年末調整で納税が完結してしまいます。そのため「所得税は払っているけど計算のしくみをよく知らない」という人も多いのでは。まずは、計算の流れをざっくり理解しましょう！

1 資金計画

2 リスク管理

3 金融資産運用

4 タックスプランニング

5 不動産

6 相続・事業承継

02 所得税の計算

Step 1 所得の計算

収入を10種類に分類して
それぞれの所得の額を算出します

10種類の所得は、所得税を計算する際の基本になるものです。FP2級の試験でも頻出の項目なので、確実に押さえましょう。

所得の10分類とその概要

1 利子所得

預貯金や公社債などの利子などによる所得です。利子所得は20.315%（所得税および復興特別所得税15.315%、住民税5%）の源泉分離課税で、利子の支払い時に源泉徴収され、納税が完結します。ただし、特定公社債などの利子は申告分離課税です。

2 配当所得

株式や株式投資信託の配当、分配金などによる所得です。配当等の支払い時に20.315%が**源泉徴収**され、申告不要を選択できます。確定申告によって**総合課税、申告分離課税**を選択することもできます。

3 不動産所得

土地や建物などの不動産の賃貸収入による所得です。具体的には、地代・家賃、権利金、更新料、礼金、返還不要の敷金などです。契約終了時に返還が必要な敷金は不動産所得にはなりません。また、不動産を譲渡したことによる収入は譲渡所得に該当します。不動産所得は、**収入金額**から**必要経費**の額を引いて算出します。

4 事業所得

農業、漁業、製造業、卸売業、小売業、サービス業などの事業から生じる所得です。事業所得も、総収入金額から必要経費の額を差し引いて算出します。不動産所得や事業所得などでは、建物や備品、車両などの固定資産に関連して、価値の減少分を毎年の必要経費に計上する**減価償却費**が発生します。

1 資金計画

2 リスク管理

3 金融資産運用

4 タックスプランニング

5 不動産

6 相続・事業承継

◎ 不動産所得（**3**）

不動産所得の範囲

不動産所得	〈不動産所得にならないもの〉
不動産（土地、建物）の貸付けによる所得 （地代・家賃、権利金、更新料、礼金、返還不要な敷金 など）	従業員に社宅を貸し付ける ─→事業所得 食事付きの下宿 ─────→事業所得または雑所得 管理責任をともなう有料駐車場→事業所得または雑所得 退去時に返還する敷金 ────→預り金

計算式 不動産所得 ＝ 総収入金額 － 必要経費（－ 青色申告特別控除額）

> 不動産所得で認められる必要経費は、専従者給与、従業員の給与、借入金利子、修繕費、損害保険料、減価償却費、固定資産税 など

> 青色申告特別控除額とは、青色申告の承認を受けている事業者の場合、最高65万円の青色申告特別控除額を差し引くことができる

◎ 事業所得（**4**）

事業所得の範囲

事業所得	〈事業所得にならないもの〉
農業、漁業、製造業、卸売業、小売業、サービス業などの事業から生じる所得	友人に対する貸付金の利子 ─→雑所得 事業用資金の預金利子 ───→利子所得 事業用車両等の売却益 ───→譲渡所得

計算式 事業所得 ＝ 総収入金額 － 必要経費（－ 青色申告特別控除額）

> 事業所得で認められる必要経費は、収入に対する売上原価、専従者給与、従業員の給与、広告宣伝費、水道光熱費、借入金利子、損害保険料、減価償却費、固定資産税 など

> 事業所得の青色申告特別控除は、事業規模にかかわらず最高65万円

◎ 減価償却の考え方

定額法	定率法
毎年同じ金額を費用として計上する	毎年、同じ率で費用として計上する （当初の費用が多くなり、年々計上できる費用が減少する）
計算式 減価償却費 ＝ 取得価額 × 定額法の償却率 × $\dfrac{使用月数}{12 カ月}$	**計算式** 減価償却費 ＝ 取得価額 × 定率法の償却率 × $\dfrac{使用月数}{12 カ月}$

※個人事業主の場合、法定の償却方法は定額法。ただし、税務署に届出をすることで定率法を選択することができる
※1998年4月以降に取得した建物、2016年4月以降に取得した建物附属設備および構築物は定額法のみ適用

減価償却は、
それぞれの考え方を
理解できればOK！

5 給与所得

　会社員やアルバイト、パートタイマーなどが**勤務先から受ける給与や賞与**などの給与収入から**給与所得控除額**を差し引いた額です。給与所得控除額は、給与収入の額によって段階的に増加します。**給与収入が 850 万円を超える場合、給与所得控除額は 195 万円が上限**となりますが、特別障害者や 23 歳未満の扶養親族がある場合には所得金額調整控除が適用され、**給与等の収入金額から 850 万円を控除した金額の 10%（上限 15 万円）を給与所得から控除**することができます。

　給与所得は総合課税なので、原則として確定申告は必要ですが、毎月の給与支払い時に税金が源泉徴収され、年末調整を行うことで確定申告が不要となります。

6 退職所得

　退職によって**勤務先から受ける退職金**などの所得です。退職所得は、長年勤務した対価として支払われるものなので、税制上、優遇されています。

　退職金の額から**退職所得控除額**を差し引いて 2 分の 1 をした額が退職所得で、退職所得控除額は勤続年数によって異なります。勤続年数が 5 年以下の従業員は、退職金等の金額から退職所得控除額を控除した残額の 300 万円を超える部分については、2 分の 1 をすることができません。また、障害者になったことで退職した場合は、退職所得控除額に 100 万円を加算することができます。

　退職所得は分離課税のため、総合課税の所得とは別に税額を計算しますが、総合課税と同じ超過累進税率が適用になります。

7 譲渡所得

　土地・建物、有価証券、ゴルフ会員権、書画・骨董などの資産を譲渡することで生じる所得です。営利目的や継続的な売買は含まれません。譲渡所得は**総合課税**と**分離課税**に分けられ、総合課税の譲渡所得は、ほかの総合課税の所得と合計して総所得金額を算出します。その際に、総合課税の長期譲渡所得は 2 分の 1 の金額を総所得金額に算入します。分離課税は土地・建物等を譲渡した場合、株式や債券など有価証券を譲渡した場合などが該当します。

給与所得（5）

計算式 給与所得 ＝ 収入金額 － 給与所得控除額

収入金額	給与所得控除額
180 万円以下	収入 × 40% － 10 万円（最低 55 万円）
180 万円超　360 万円以下	収入 × 30% ＋ 8 万円
360 万円超　660 万円以下	収入 × 20% ＋ 44 万円
660 万円超　850 万円以下	収入 × 10% ＋ 110 万円
850 万円超	195 万円

パートやアルバイトの収入も給与所得です！

※会社で年末調整を行うことで確定申告が不要になる。ただし、次の人は確定申告が必要
・年収が 2,000 万円超の人、給与所得、退職所得以外の所得が 20 万円超ある人
・2 つ以上の会社からの給与がある人

> **所得金額調整控除とは？**
> ・給与収入が 850 万円を超え、本人が特別障害者に該当する場合、特別障害者や 23 歳未満の扶養親族を有する場合に適用
> ・給与収入から 850 万円を控除した額の 10%（上限 15 万円）を給与所得から控除することができる
>
> 例えば、給与収入が 900 万円の場合、
> （900 万円－850 万円）×10%＝5 万円を給与所得から控除できる

退職所得（6）

計算式 退職所得 ＝（収入金額 － 退職所得控除額）× 1 / 2

勤続年数	退職所得控除額
20 年以下	40 万円 × 勤続年数（最低 80 万円）
20 年超	800 万円 ＋ 70 万円 ×（勤続年数 － 20 年）

勤続年数に 1 年未満の端数がある場合は 1 年に切り上げる

※「退職所得の受給に関する申告書」を提出した場合➡退職金の支払い時に、所得税・住民税を源泉徴収
※「退職所得の受給に関する申告書」を提出しなかった場合➡収入金額の 20.42%が源泉徴収される。
確定申告をすることで、税金の還付を受けることが可能

譲渡所得（総合課税）（7）

計算式 譲渡所得 ＝ 総収入金額 －（取得費 ＋ 譲渡費用）－ 特別控除額（最高50万円）

所得区分	内容
短期譲渡所得	取得日から譲渡した日までの期間が 5 年以内
長期譲渡所得	取得日から譲渡した日までの期間が 5 年超

※特別控除額は短期譲渡所得と長期譲渡所得を合わせて 50 万円
※総合課税の長期譲渡所得は、2 分の 1 の額を他の総合課税の額と合計する

1 資金計画
2 リスク管理
3 金融資産運用
4 タックスプランニング
5 不動産
6 相続・事業承継

8 一時所得

営利を目的としない非継続的な所得のことで、**生命保険や損害保険契約に基づく満期返戻金や解約返戻金**、懸賞の賞金品、競馬・競輪などの払戻金などが該当します。

一時所得の金額は、その2分の1を総所得金額に算入します。

9 雑所得

雑所得の計算にあたっては、**公的年金等の雑所得**、業務に係る雑所得、それ以外の雑所得、を分けて計算します。

公的年金等の雑所得の対象となるのは、老齢基礎年金や老齢厚生年金などの公的年金、確定給付年金などの企業年金、確定拠出年金などです。ただし、企業年金や確定拠出年金は、年金形式で受け取った場合は雑所得ですが、一時金で受け取った場合は、退職所得となります。公的年金等の雑所得では、**公的年金等の収入額から公的年金等控除額を差し引くことができます。**

公的年金等控除の額は、65歳以上と65歳未満の場合で控除できる額が異なり、**65歳以上では最低110万円、65歳未満では最低60万円を控除することができます。**

公的年金は、支払時に所得税や住民税が源泉徴収されるため、公的年金の収入金額が400万円以下で、かつ、その他の所得金額が20万円以下の場合は、確定申告は不要です。ただし、年金額が少ないなど源泉徴収の対象にならない場合は、申告不要の適用はありません。

業務に係る雑所得は、副業収入のうち営利を目的とした継続的なものです。公的年金等以外の雑所得には、個人年金保険契約の年金、外貨預金の為替差益、作家以外の人の原稿料や講演料があり、それぞれ収入金額から必要経費を引いて雑所得の金額を計算します。

10 山林所得

山林（所有期間が5年超のもの） の伐採による売却、立木のままで売却することで得られる所得のことです。

取得後5年以内に伐採または譲渡した場合は事業所得または雑所得になります。山林所得は分離課税です。

◎ 一時所得（8）

計算式 一時所得 ＝ 総収入金額 － 支出した金額 － 特別控除額（最高 50 万円）

※一時所得金額の 2 分の 1 の額を他の総合課税の額と合計する

◎ 雑所得（9）

計算式
- 公的年金等の場合　　　雑所得 ＝ 収入金額 － 公的年金等控除額
- 業務に係るものの場合　雑所得 ＝ 収入金額 － 必要経費
- それ以外の場合　　　　雑所得 ＝ 収入金額 － 必要経費

公的年金等の雑所得	公的年金等以外の雑所得
・国民年金、厚生年金などの老齢給付 ・国民年金基金、厚生年金基金、 　確定拠出年金などの年金	・生命保険の個人年金保険の年金 ・作家以外の人の原稿料 ・外貨預金の為替差益 など

公的年金の収入金額	公的年金等控除額	
	65 歳以上	65 歳未満
130 万円未満	110 万円	60 万円
130 万円以上　330 万円未満		
330 万円以上　410 万円未満	収入金額 × 25% ＋ 27.5 万円	
410 万円以上　770 万円未満	収入金額 × 15% ＋ 68.5 万円	
770 万円以上　1,000 万円未満	収入金額 × 5% ＋ 145.5 万円	
1,000 万円以上	195.5 万円	

※公的年金等に係る雑所得以外の所得が 1,000 万円以下の場合

公的年金等に該当する場合、
公的年金等控除額が適用され、
税金が大幅に軽減されます

1 資金計画

2 リスク管理

3 金融資産運用

4 タックスプランニング

5 不動産

6 相続・事業承継

10種類の所得を合計して
所得税額の基となる課税標準を算出します

10種類それぞれの所得の額を算出したら、次は**課税標準**（税額決定の算定基準となる所得の合計額）を計算します。10種類の所得には、**総合課税**の所得と**分離課税**の所得があります。総合課税の所得をすべて合計して**総所得金額**を算出します。分離課税の所得は、別々に税額を計算します。

各所得の合計額に対して、損益通算や繰越控除を行う

◆ 総合課税と分離課税の所得

総合課税の所得は、利子所得、配当所得、不動産所得、事業所得、給与所得、一時所得、雑所得、譲渡所得（不動産、株式等以外）です。一時所得と長期譲渡所得は、所得の額に2分の1を掛けた金額を総所得金額に足します。

分離課税の所得は、退職所得、山林所得、譲渡所得（不動産、株式等）です。

◆ マイナスの所得を相殺できるのが損益通算

不動産所得、事業所得、山林所得、譲渡所得（総合課税）は、収入より必要経費が多くマイナスになった場合、他の所得のプラスの額と相殺することができます。これを**損益通算**といいます。ただし、損益通算の対象となるこれら4つの所得でも、次の場合は損益通算の対象にはなりません。

・不動産所得のマイナスのうち、土地の取得のための借入金の利子
・生活用動産（家具、自動車など）の譲渡による損失
・別荘、ゴルフ会員権など、通常の生活に必要のない資産の譲渡による損失

◆ 純損失の繰越控除

損益通算してもマイナスが残った場合、一定の要件の下で、その損失を**翌年以降3年間にわたって繰り越して控除**することができます。これを「純損失の繰越控除」といいます。

課税標準の計算

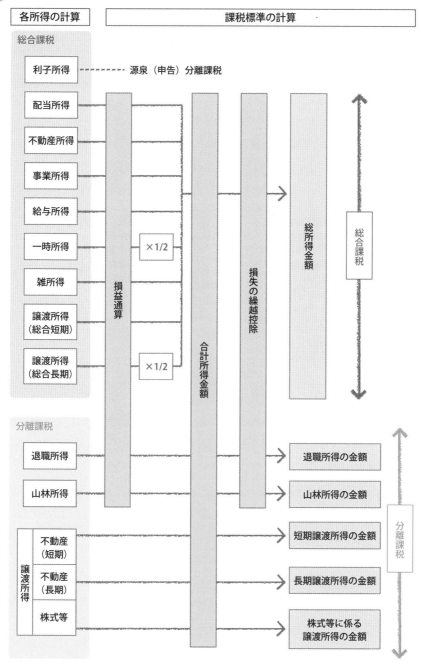

04 所得税の計算

重要度 ★★★

Step 3 # 課税所得金額の計算

課税標準から15種類の所得控除を差し引いて
課税所得金額を算出します

　<ruby>所得控除<rt>しょとくこうじょ</rt></ruby>は、納税者本人や家族の事情、社会政策の施策などを考慮して、税負担の調整を図るために課税標準から控除するものです。15種類あり、人的控除と物的控除に大別できます。前項で求めた課税標準から、それぞれの納税者に適用される所得控除を差し引いて、課税所得金額を算出します。

人的控除	・基礎控除 ・配偶者控除 ・配偶者特別控除 ・扶養控除 ・**障害者控除** ・**寡婦控除・ひとり親控除** ・**勤労学生控除**	物的控除	・社会保険料控除 ・医療費控除 ・**小規模企業共済等掛金控除** ・生命保険料控除 ・地震保険料控除 ・**寄附金控除** ・**雑損控除**

所得控除の概要

1 基礎控除

　納税者の合計所得金額が2,500万円以下の場合、基礎控除の適用を受けることができます。合計所得金額が2,400万円以下であれば、一律**48万円控除**できますが、合計所得金額が増えるにしたがって、控除額が逓減します。

2 配偶者控除

　本人に**控除対象配偶者**（本人と生計を一にし、合計所得金額が**48万円以下の配偶者**）がある場合に控除できます。本人の合計所得が1,000万円超になると適用を受けられません。

3 配偶者特別控除

　配偶者控除の対象にならない場合で、配偶者の合計所得が48万円超133万円以下などの要件を満たす場合に控除できます。本人の合計所得が1,000万円を超えると適用を受けられません。

1 資金計画
2 リスク管理
3 金融資産運用
4 タックスプランニング
5 不動産
6 相続・事業承継

◎ 基礎控除の額

合計所得金額		基礎控除額
	2,400 万円以下	48 万円
2,400 万円超	2,450 万円以下	32 万円
2,450 万円超	2,500 万円以下	16 万円
2,500 万円超		0 円

多くの人が、合計所得金額
2,400 万円以下に該当し、
48 万円の控除を受けられる

◎ 配偶者控除と配偶者特別控除のイメージ

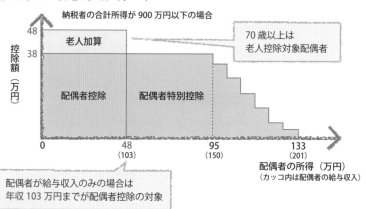

納税者の合計所得が 900 万円以下の場合

70 歳以上は
老人控除対象配偶者

配偶者が給与収入のみの場合は
年収 103 万円までが配偶者控除の対象

◎ 配偶者控除の額

納税者の合計所得		控除額	
		控除対象 配偶者	老人控除対象 配偶者
	900 万円以下	38 万円	48 万円
900 万円超	950 万円以下	26 万円	32 万円
950 万円超	1,000 万円以下	13 万円	16 万円

配偶者特別控除の額は
配偶者の所得が増えるほど
少なくなっていきます！

◎ 配偶者特別控除の額

配偶者の合計所得		控除額
48 万円超	95 万円以下	38 万円
95 万円超	100 万円以下	36 万円
100 万円超	105 万円以下	31 万円
105 万円超	110 万円以下	26 万円
110 万円超	115 万円以下	21 万円
115 万円超	120 万円以下	16 万円
120 万円超	125 万円以下	11 万円
125 万円超	130 万円以下	6 万円
130 万円超	133 万円以下	3 万円

※納税者の合計所得が 900 万円以下の場合

4 扶養控除

本人に扶養親族（**本人と生計を一にし、合計所得金額が 48 万円以下**の親族等）がある場合に控除できます。扶養親族の **12 月 31 日時点の年齢**によって、**特定扶養親族、一般扶養親族、老人扶養親族**に分けられ、控除できる額が異なります。同居老親等に該当する場合は 58 万円の控除となり、16 歳未満の年少扶養親族は、扶養控除の適用は受けられません。

5 障害者控除

本人または同一生計配偶者、扶養親族が障害者である場合、控除できます。障害者控除の額は、障害者 1 人につき 27 万円、特別障害者 1 人につき 40 万円です。

6 7 寡婦控除・ひとり親控除

本人が寡婦やひとり親である場合、寡婦控除またはひとり親控除の適用を受けられます。寡婦控除の控除額は 27 万円、ひとり親控除の控除額は 35 万円です。

8 勤労学生控除

本人が勤労学生である場合、控除できます。

9 社会保険料控除

本人または生計を一にする配偶者や、その他の親族の社会保険料を支払った場合に控除できます。対象となる社会保険料は、健康保険、国民健康保険、厚生年金保険、国民年金、介護保険、国民年金基金、厚生年金基金などの保険料です。

10 医療費控除

本人または生計を一にする配偶者や、その他の親族の医療費を支払った場合に控除できます。医療費控除には**一般の医療費控除**と、医療費控除の特例である**セルフメディケーション税制**があります。一般の医療費控除は、医師等による診療や治療の対価、医薬品代などが対象となりますが、**セルフメディケーション税制では、対象となる医薬品を薬局等で購入した場合に適用**を受けることができ、一般の医療費控除とは**併用できません。**

医療費控除の適用を受けるには、**確定申告が必要**です。

◎ 扶養控除の額

区分	控除限度額
一般扶養親族（16歳以上19歳未満）	38万円
特定扶養親族（19歳以上23歳未満）	63万円
一般扶養親族（23歳以上70歳未満）	38万円
老人扶養親族（70歳以上）	48万円
同居老親等（70歳以上）	58万円

> 16歳未満（年少扶養親族）は扶養控除の対象にならない

※扶養控除の年齢は、その年の12月31日時点で判定する
※青色事業専従者や事業専従者に該当する場合は、配偶者控除や扶養控除の適用は受けられない

◎ 医療費控除の対象と計算法

医療費控除の対象となる医療費	対象とならない医療費
・医師または歯科医師による診療または治療の対価、入院費、通院費、先進医療の技術料 ・出産費用 ・治療や療養のための医薬品代 ・付添看護師による療養上の世話代 ・健康診断の費用（重大な疾病が発見され引き続き治療を行う場合のみ）	・美容整形費用 ・健康増進や疾病予防のための医薬品購入費 ・健康診断（人間ドック等）の費用

医療費控除の額（最高200万円）

= | 医療費の支出額 − 保険金等で補てんされる金額 | − | 10万円 または 総所得金額 × 5% のいずれか少ない金額 |

> 健康保険の出産育児一時金を受け取った場合は、その額も差し引く

※ 生計が同一の配偶者やその他の親族の医療費を支払った場合も適用を受けることができる
※ その年に実際に支払った額が対象となり、未払いの医療費は支出額に含めることができない
※ 医療費控除の特例であるセルフメディケーション税制では、対象となる医薬品を薬局等で購入した場合、購入額から12,000円を控除した額の所得控除が受けられる（最高88,000円）

> セルフメディケーション税制の適用には、医師の診療等は必要ありません

1 資金計画
2 リスク管理
3 金融資産運用
4 タックスプランニング
5 不動産
6 相続・事業承継

11 小規模企業共済等掛金控除

本人が、**小規模企業共済の掛金や確定拠出年金の個人型年金の掛金等を支払ったとき**に、その全額を控除することができます。

12 生命保険料控除

本人が、対象となる生命保険や個人年金保険、介護医療保険の保険料を支払った場合に控除できます。生命保険料控除には、一般の生命保険料控除、個人年金保険料控除、介護医療保険料控除があり、それぞれの対象となる生命保険契約の保険料を支払った場合に個別に控除することができますが、いずれも**控除額の上限は 40,000 円**です。

13 地震保険料控除

本人が、地震保険の保険料を支払った場合に控除できます。地震保険料控除では、支払った**地震保険料の全額（住民税では 2 分の 1）を控除できます**が、限度額は 50,000 円（住民税では 25,000 円）です。

14 寄附金控除

本人が、**2,000 円を超える特定寄附金を支出した場合**に控除できます。対象となる特定寄附金とは、国や地方公共団体、公益法人等で財務大臣が指定する団体に対する寄付で、特定寄附金の額または総所得金額等の 40%から 2,000 円を控除した額を控除することができます。寄附金控除の適用を受けるには、**確定申告が必要**です。

納税者が自ら選んだ地方自治体に寄付をすることができるふるさと納税は、寄附金控除のしくみを使った制度です。ふるさと納税を利用して地方自治体に寄付をした場合、寄付額のうち 2,000 円を超える全額が控除の対象となります（一定の上限あり）。控除を受けるには確定申告が必要ですが、寄付をした自治体が 5 つまでであれば、ふるさと納税ワンストップ特例制度を利用することで**確定申告は不要になります**。

15 雑損控除

雑損控除では、災害、盗難、横領によって資産に損害を受けた場合や、災害でやむを得ない支出をしたときに控除できます。雑損控除の適用を受けるには、確定申告が必要です。

◎ 生命保険料控除の額（2012年以降に契約した場合）

支払った保険料	控除額
20,000円以下	支払った保険料の全額
20,000円超　40,000円以下	支払った保険料の金額 × 1/2 ＋ 10,000円
40,000円超　80,000円以下	支払った保険料の金額 × 1/4 ＋ 20,000円
80,000円超	一律 40,000円

> 2011年までに契約した生命保険は、最高で一律50,000円が控除できる！

※生命保険料控除には、一般の生命保険料控除、個人年金保険料控除、介護医療保険料控除の3種類があり、それぞれ個別に控除を受けることができる。それぞれ最高で40,000円が控除できるので、合計で年間120,000円まで控除することが可能

◎ 地震保険料控除の額

	所得税	住民税
控除限度額	保険料の全額 （最高 50,000円）	保険料の2分の1 （最高 25,000円）

◎ 寄附金控除の額

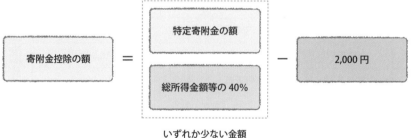

寄附金控除の額 ＝ 特定寄附金の額 / 総所得金額等の40% － 2,000円

いずれか少ない金額

> 寄附金控除では、ふるさと納税が試験でよく出題されます！

1 資金計画
2 リスク管理
3 金融資産運用
4 タックスプランニング
5 不動産
6 相続・事業承継

05

Step 4 所得税額の計算

重要度 ★★☆

課税所得金額に税率を掛けた金額が
所得税額となります

課税所得金額に所得税の税率を掛けて、所得税額を算出します。総合課税の所得を合計して所得控除の額を差し引いたものが課税総所得金額です。**総所得金額、退職所得は超過累進税率によって計算**します。**分離課税の所得は個別に計算**しますが、分離短期譲渡所得、分離長期譲渡所得、株式等に係る譲渡所得は、それぞれ税率が異なります。

◎ 所得税の税率（超過累進税率）

課税所得金額		税率	控除額
	195 万円未満	5%	―
195 万円以上	330 万円未満	10%	97,500 円
330 万円以上	695 万円未満	20%	427,500 円
695 万円以上	900 万円未満	23%	636,000 円
900 万円以上	1,800 万円未満	33%	1,536,000 円
1,800 万円以上	4,000 万円未満	40%	2,796,000 円
4,000 万円以上		45%	4,796,000 円

所得が多くなるほど税率も高くなる

◆ 復興特別所得税について

東日本大震災の復興財源に充てるため、**復興特別所得税**が創設されました。復興特別所得税は、2013 年から 25 年間にわたって、所得税に 2.1％の税額を上乗せして徴収します。

復興特別所得税額 ＝ **基準所得税額 × 2.1%**

例 所得税 15%、住民税 5%で、合計 20%の税率の場合
　　復興特別所得税額 ＝ 15%× 2.1% ＝ 0.315%
　　　➡所得税および復興特別所得税と、住民税の合計で 20.315%

◎ 所得税額の計算

〈総所得金額に対する税額〉

| 課税総所得金額 | × 税率（超過累進税率） |

 課税総所得金額が 300 万円の場合
300 万円 × 10% − 97,500 円 = 202,500 円

〈退職所得に対する税額〉

| 課税退職所得金額 | × 税率（超過累進税率） |

 課税退職所得金額が 100 万円の場合
100 万円 × 5% = 50,000 円

〈課税短期譲渡所得に対する税額〉

| 課税短期譲渡所得金額 | × 30% |

課税短期譲渡所得の税率は、
所得税 30%、住民税 9%、合計で 39%

〈課税長期譲渡所得に対する税額〉

| 課税長期譲渡所得金額 | × 15% |

課税長期譲渡所得の税率は、
所得税 15%、住民税 5%、合計で 20%

〈株式等に係る課税譲渡所得に対する税額〉

| 株式等に係る課税譲渡所得金額 | × 15% |

株式等に係る課税譲渡所得の税率は、
所得税 15%、住民税 5%、合計で 20%

ワンポイント

試験では、復興特別所得税の扱いに注意！

復興特別所得税は、金融商品などで源泉徴収されるだけでなく、給与所得や事業所得からも「所得税 × 2.1%」の税額が徴収されます。FP2級の試験では、復興特別所得税を考慮する場合としない場合があるので、問題文をしっかりチェックしましょう！

1 資金計画
2 リスク管理
3 金融資産運用
4 タックスプランニング
5 不動産
6 相続・事業承継

Step 5 納付税額の計算

所得税額から税額控除を差し引いた額が
実際に納める税金の額となります

前項で求めた所得税額から、さらに差し引くことができるのが税額控除です。税額控除には、**配当控除、外国税額控除、住宅借入金等特別控除**などがあります。

所得税額から税額控除を差し引いて納付税額が決定する

1 配当控除

国内の法人から配当を受け取った場合、**配当控除**の適用を受けることができます。ただし、適用を受けることができるのは、確定申告で**総合課税を選択したもの**に限ります。上場株式の配当控除の額は、課税総所得金額が1,000万円以下の部分は配当所得の10%、1,000万円超では5％です。

2 外国税額控除

国外で生じた所得で外国の法令で外国所得税が徴収される場合、国内の所得税との二重課税を避けるために、一定の外国所得税を所得税から差し引くことができます。

3 住宅借入金等特別控除

住宅ローンを利用して住宅を購入したり、増改築を行った場合、住宅ローンの年末残高の一定割合を税額控除することができます。これを**住宅借入金等特別控除（住宅ローン控除）**といいます。住宅ローン控除の適用を受けるには、取得者、住宅などに一定の要件があります。また、**一般住宅**と**認定住宅**（認定長期優良住宅、認定低炭素住宅）などでは対象となる住宅ローンの限度額が異なります。

新築住宅の場合、適用期間は**13年**で、各年末の住宅ローン残高の**0.7%**の額が税額控除の適用を受けることができます。また、納付する所得税額が控除額に満たない場合、一定の額を上限に住民税からも控除できます。

◎ 配当控除の計算

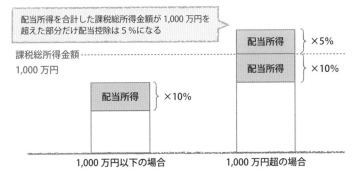

配当所得を合計した課税総所得金額が 1,000 万円を
超えた部分だけ配当控除は 5 %になる

課税総所得金額‥‥‥‥‥
1,000 万円

配当所得 }×5%

配当所得 }×10%

配当所得 }×10%

1,000 万円以下の場合　　　　　1,000 万円超の場合

◎ 住宅ローン控除の適用要件

取得者の要件	・取得の日から 6 カ月以内に入居し、適用を受ける年の年末時点で引き続き居住していること ・適用を受ける年の合計所得が 2,000 万円以下
住宅の要件	・新築および中古住宅の購入の場合、床面積が 50 ㎡以上で、その家屋の 2 分の 1 以上が居住用であること ・増改築の場合、増改築後の床面積が 50 ㎡以上でその家屋の 2 分の 1 以上が居住用であること。また、工事費用が 100 万円を超えること
その他の要件	・返済期間が10年以上の住宅ローンを利用すること ・給与所得者の場合、年末調整で適用できるが、最初の年だけは確定申告が必要 ・所得税から控除しきれない額は、住民税からも控除できる（上限あり）

マイホーム購入時は、
住宅ローン控除が適用
されると、税金の還付
が可能です！

◎ 住宅ローン控除の控除率、控除期間 (新築の場合)

居住年	住宅ローンの年末残高の限度額		控除率	控除期間
	一般住宅	認定住宅		
2024 年 1 月～ 2025 年 12 月	0 円※	4,500 万円	0.7%	13 年間

※2023 年までに新築の建築確認をした場合は 2,000 万円（控除期間 10 年）

📖✏️ **ワンポイント**

住宅ローン控除の対象となる住宅の種類は？

2022年度税制改正で、住宅ローン控除の対象となる住宅に ZEH（ゼッチ）水
準省エネ住宅、省エネ基準適合住宅が追加されました。認定住宅よ
り控除額の上限は少ないですが、より環境に配慮した改正といえます。

1 資金計画
2 リスク管理
3 金融資産運用
4 タックスプランニング
5 不動産
6 相続・事業承継

07 所得税の申告と納付

事業所得や不動産所得には
確定申告が義務づけられています

　給与所得者は、毎月の給与から税金が源泉徴収され、年末調整でその過不足を精算します。事業所得や不動産所得がある人は自ら所得と税額を計算し、確定申告をします。

確定申告が必要なのは、すべての自営業者と一部の給与所得者

◆ 確定申告

　所得税においては、納税者が1年間の所得や税金を計算し、申告・納付を行うこと（**申告納税方式**）が義務づけられています。これを**確定申告**といいます。確定申告の時期は原則、翌年の2月16日から**3月15日**まで、所得税の納付期限も原則、**3月15日**までとなっています。

　給与所得者は、給与等の支払者がその年の最後の給与の支払い時に年末調整を行うので、確定申告をする必要はありません。ただし、**給与収入が2,000万円を超える人や給与所得・退職所得以外の所得が20万円超ある人**などは、確定申告を行う必要があります。

◆ 源泉徴収制度

　給与等の支払いをする人が、支払いの際に所得税を差し引いて原則、翌月10日までに国に納付する制度です。給与の他にも公的年金（老齢給付）や預貯金の利子、上場株式の配当などが源泉徴収の対象となります。

◆ 青色申告

　青色申告制度は、不動産所得、事業所得、山林所得がある人が利用できる制度で、正規の簿記に基づいて取引を記帳し、それに基づいた申告をするなどの要件の下、**青色申告特別控除**などの税制上の優遇を受けることができます。

　青色申告者になるには、所轄税務署長に青色申告承認申請書を提出して、承認を受ける必要があります。

◎ 給与所得者で確定申告が必要な人

- その年の給与が 2,000 万円を超える場合
- 給与所得、退職所得以外に 20 万円超の所得がある場合
- 2 カ所以上から給与を受け取っている場合
- 住宅借入金等特別控除の適用を初めて受ける場合
- 雑損控除、医療費控除、寄附金控除の適用を受ける場合
- 配当控除の適用を受ける場合

◎ 青色申告制度

青色申告の要件
- 不動産所得、事業所得、山林所得があること
- 「青色申告承認申請書」を税務署に提出し承認を受けること
  →提出の期限はその年の 3 月 15 日まで。ただし 1 月 16 日以降に事業を開始した場合は開始から 2 カ月以内
- 一定の帳簿を備えてすべての取引を記帳し、保存する（7 年間）こと

青色申告ではない一般の申告を「白色申告」といいます

◎ 青色申告の特典

青色申告特別控除	不動産所得（事業的規模）、事業所得 　正規の簿記により記帳し、貸借対照表、損益計算書を作成し確定申告書に添付している場合、55 万円（ただし、e-Tax の場合 65 万円）を控除できる 不動産所得（事業的規模以外）、山林所得 　上記の所得や期限後申告の場合は 10 万円の控除となる
純損失の繰越控除	純損失の金額を翌年以降 3 年間にわたって繰越控除できる
青色事業専従者給与	青色申告者の親族がその事業に従事している場合、一定の要件を満たせば、その親族に支払った給与を必要経費に算入できる ＜親族の要件＞ ・年齢が 15 歳以上の生計を一にする親族 ・もっぱら（6 カ月以上）その事業に従事すること ・給与の額が労務の対価として相当であること

白色申告では、親族に支払った給与の額にかかわらず定額の控除となる
配偶者：86万円
それ以外：50万円

※不動産所得が事業的規模かどうかの判定は、5 棟 10 室基準で行う

📖 **ワンポイント**

青色申告のメリットは大きい！

個人事業主が青色申告をする最大のメリットは「青色申告特別控除（最高65万円）が使えること」と「青色事業専従者給与で、親族に支払った適正な給与が全額損金に算入できること」です。どちらも節税効果が高いのでオススメです。

1 資金計画
2 リスク管理
3 金融資産運用
4 タックスプランニング
5 不動産
6 相続・事業承継

08 源泉徴収票の見方

源泉徴収票の中で
所得税の計算過程を再確認してみましょう

　会社員などの給与所得者の場合は、所得税と住民税は毎月の給与から源泉徴収されます。所得税は税額表に基づいて毎月の**源泉徴収税額**を計算しますが、年末の給与支払い時には1年間の収入を基に所得税を計算し、精算します（年末調整）。源泉徴収された税金が多すぎる場合は、年末調整時にお金が戻ってきます。その年末調整の結果を記したものが**源泉徴収票**です。ここでは、実際の源泉徴収票を見ながら、所得税の計算過程を再確認しましょう。

〈源泉徴収票の見方〉

❶1年間の給与・賞与の合計額：800万円

❷給与所得の額：610万円

　　給与所得 ＝ 給与収入 － 給与所得控除額

　　給与所得控除額：800万円×10％＋110万円 ＝ 190万円

　　給与所得 ＝ 800万円 － 190万円 ＝ 610万円

❸所得控除の額：310万円

❹配偶者控除の額：38万円

❺❻扶養控除の額：❺特定扶養親族：1人につき63万円

　　　　　　　　　❻一般扶養親族：1人につき38万円

❼社会保険料控除の額：119万円

❽生命保険料控除の額：4万円

●基礎控除の額：48万円

●**課税総所得金額 ＝ 給与所得 － 所得控除**

　　　　　　　 ＝ 610万円 － 310万円 ＝ **300万円**

❾所得税額：202,500円

　　所得税額 ＝ 課税総所得金額 × 税率 － 控除額

　　　　　　 ＝ 300万円×10％ － 97,500円 ＝ 202,500円

2020年から、基礎控除が48万円に引き上げられ、給与所得控除額が引き下げられるなどの改正が行われました

1 資金計画
2 リスク管理
3 金融資産運用
4 タックスプランニング
5 不動産
6 相続・事業承継

令和6年分　給与所得の源泉徴収票

支払を受ける者	住所又は居所	東京都千代田区XXX				

(受給者番号)

(個人番号) XXXXXXXXXXXX

(役職名)

氏名 (フリガナ) ○○ 太郎

種別	① 支払金額	② 給与所得控除後の金額（調整控除後）	③ 所得控除の額の合計額	⑨ 源泉徴収税額
給与・賞与	内　8,000,000 千円	内　6,100,000 千円	3,100,000 千円	202,500 千円

(源泉)控除対象配偶者の有無等 ④		配偶者(特別)控除の額	控除対象扶養親族の数（配偶者を除く。）					16歳未満扶養親族の数	障害者の数（本人を除く。）		非居住者である親族の数
有	従有	千円	⑤ 特定		老人	⑥ その他			特別	その他	
0			内 1人 従人	内人 従人		内 1人 従人		人	内人	人	人

⑦ 社会保険料等の金額	生命保険料の控除額 ⑧	地震保険料の控除額	住宅借入金等特別控除の額
内　1,190,000 千円	内　40,000 千円	千円	千円

(摘要)

生命保険料の金額の内訳	新生命保険料の金額 100,000 円	旧生命保険料の金額 円	介護医療保険料の金額 円	新個人年金保険料の金額 円	旧個人年金保険料の金額 円
住宅借入金等特別控除の額の内訳	住宅借入金等特別控除適用数	居住開始年月日(1回目) 年 月 日		住宅借入金等特別控除区分(1回目)	住宅借入金等年末残高(1回目) 円
	住宅借入金等特別控除可能額 円	居住開始年月日(2回目) 年 月 日		住宅借入金等特別控除区分(2回目)	住宅借入金等年末残高(2回目) 円

(源泉・特別控除対象配偶者)	(フリガナ) 氏名 ○○ 花子	区分	配偶者の合計所得 0	国民年金保険料等の金額 円	旧長期損害保険料の金額 円
	個人番号			基礎控除の額 円	所得金額調整控除額 円

		(フリガナ) 氏名 ○○ 美咲	区分	16歳未満の扶養親族	1	(フリガナ) 氏名	区分	(備考)
控除対象扶養親族	1	個人番号						
	2	(フリガナ) 氏名 ○○ 航太	区分		2	(フリガナ) 氏名	区分	
		個人番号						
	3	(フリガナ) 氏名	区分		3	(フリガナ) 氏名	区分	
		個人番号						
	4	(フリガナ) 氏名	区分		4	(フリガナ) 氏名	区分	
		個人番号						

未成年者	外国人	死亡退職	災害者	乙欄	本人が障害者		寡婦	ひとり親	勤労学生	中途就・退職					受給者生年月日			
					特別	その他				就職	退職	年	月	日	元号	年	月	日
															昭和	43	5	10

支払者	個人番号又は法人番号		(右詰で記載してください。)	
	住所(居所)又は所在地	東京都千代田区XXX		
	氏名又は名称	○○株式会社		(電話)
整理欄				

09 個人住民税・個人事業税

個人住民税は代表的な地方税で、個人事業税は
事業所得などがある人に課されます

個人住民税は居住する地方自治体に納付する地方税で、道府県民税（東京都は都民税）と市町村民税（東京都は特別区民税）に分かれます。

個人住民税の特徴のひとつに、前年分の所得を基に課されること（**前年課税方式**）が挙げられます。

◆ 個人住民税の税額の区分

個人住民税の税額は、一定基準以上の所得がある人に均等に課される均等割と、所得に10%の税率を掛けて税額を計算する所得割の2つがあります。

◆ 個人住民税の計算と申告・納付

個人住民税の均等割は、個人の所得を基準に税額を計算します。計算の手順は所得税と同様ですが、所得控除の額が所得税とは異なるものが多くなっています。

個人住民税では賦課課税方式が採用されており、市町村が税額を計算して確定します。納税地は、課税される年の**1月1日現在の住所地**の市町村で、納税の方法には**普通徴収**と**特別徴収**の2つがあります。

個人事業税の対象は、事業所得や不動産所得がある人

◆ 個人事業税の計算と申告・納付

個人事業税は、**都道府県が課す税金**で、一定の**事業所得や不動産所得がある人**が納付します。

税額は、事業の所得から事業主控除として290万円を差し引いた額に税率を掛けて税額を計算します。

税率は業種によって異なり、3〜5％です。個人事業税も賦課課税方式で、所得税の確定申告をしていれば、個人事業税の申告は不要です。

◎ 個人住民税の区分

均等割	一定基準以上の所得がある人に、同じ金額が課税される （道府県民税は 1,500 円、市町村民税は 3,500 円で、合計 5,000 円）
所得割	所得に一律 10%の税率を掛けて課税される （道府県民税 4%、市町村民税 6%）

均等割が課税される
基準所得は市町村に
よって異なります

◎ 個人住民税の所得控除

	個人住民税	所得税
基礎控除	最高 43 万円	最高 48 万円
配偶者控除	33 万円	38 万円
配偶者特別控除	最高 33 万円 （本人の合計所得が 900 万円以下の場合）	最高 38 万円 （本人の合計所得が 900 万円以下の場合）
扶養控除	一般扶養親族：33 万円 特定扶養親族：45 万円 老人扶養親族：38 万円 同居老親等：45 万円	一般扶養親族：38 万円 特定扶養親族：63 万円 老人扶養親族：48 万円 同居老親等：58 万円

◎ 個人住民税の納税方法

普通徴収	送付される納税通知書に基づいて、原則、年 4 回に分けて納付する
特別徴収	給与所得者は、会社が毎月の給与支払い時に住民税を天引きし、本人に代わって納付する

会社員は、原則と
して、特別徴収で
納付！

ワンポイント

話題の「ふるさと納税」ってどのような制度？

応援したい自治体に納税できる「ふるさと納税」は、所得税の寄附金控除のしくみを使った制度です。寄附金控除で引ききれなかった金額は上限額まで住民税の税額控除の適用を受けられます。さらに各自治体の特産品がもらえることも。お得ですね！

10 法人税のしくみ

会社の事業年度ごとの所得にかかる
直接税である「法人税」は申告調整がポイント

　法人税は、法人の所得に対して課せられる税金です。所得税は暦年課税ですが、法人税は**事業年度**で区切って算出して納める税金です。普通法人や協同組合等だけでなく、公益法人や法人格のない社団等も収益事業については法人税の対象になります。

法人税は、法人自らが所得金額と納税額を計算する

◆ 法人の規模による区分

　法人は、会社規模によって**大法人**と**中小法人**に分けられます。大法人は資本金等が1億円を超える法人、中小法人は資本金等が1億円以下の法人です。中小法人に該当すると、**法人税の軽減税率の適用、交際費の損金不算入、800万円の定額控除額の適用**などの特例が適用されますが、中小法人であっても資本金5億円以上の法人による完全支配関係にある場合は適用できません。中小法人のうち、大法人に支配されていない法人を中小企業者といいます。

◆ 法人の所得金額と税額の計算

　法人は事業年度ごとに決算を行い、**貸借対照表**や**損益計算書**などの財務諸表を作成します。損益計算書で表される会計上の儲けである**当期純利益**は、「**収益 − 費用**」で求められます。

　一方、法人税を計算する際の所得金額は、「**益金 − 損金**」で求められます。会計上の収益、費用と法人税法上の益金、損金は一致しないため、調整が必要になります。これを**申告調整**といいます。**申告調整では、益金不算入、損金不算入、益金算入、損金算入の4つの調整を行って所得金額を算出**します。この調整を行うのが法人税の申告書の**別表四**と呼ばれる書類です。所得金額を算出したら、**別表一**で法人税額を算出します。

当期純利益と所得金額の関係

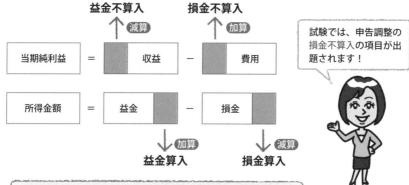

試験では、申告調整の損金不算入の項目が出題されます!

益金不算入：会計上は収益だが、税務上は益金とならない
損金不算入：会計上は費用だが、税務上は損金とならない
益 金 算 入：会計上は収益ではないが、税務上は益金となる
損 金 算 入：会計上は費用ではないが、税務上は損金となる

法人税額の計算の流れ

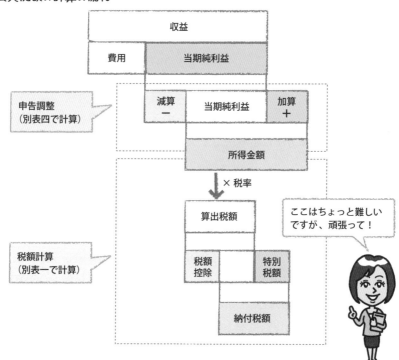

ここはちょっと難しいですが、頑張って!

1 資金計画
2 リスク管理
3 金融資産運用
4 タックスプランニング
5 不動産
6 相続・事業承継

◆ 益金不算入となる代表的なもの

・受取配当金

　法人が他の法人の株式を保有し、その配当金を受け取った場合、会計上は収益に計上されます。しかし、法人税法上は、一定の配当金について益金に計上しないこととしています。これは、配当金を支払った企業がすでに法人税を支払っているため、二重課税を避けるための措置です。

◆ 損金不算入となる代表的なもの

・役員給与

　役員給与は、**定期同額給与、事前確定届出給与、業績連動給与**に該当し、その額が適正であれば損金に算入できますが、それ以外は損金不算入となります。なお、従業員給与は損金算入となります。

・交際費

　交際費は、得意先や仕入先などに対して接待、慰安、贈答などのために支出した費用です。交際費は、原則、損金不算入ですが、**中小法人は 800 万円まで損金算入**となります。大法人についても**飲食のために支出する費用の50%は損金算入**とする緩和措置が取られています。

・減価償却費

　減価償却費として損金算入できるのは、償却限度額までとなります。会計上は限度額を超えて減価償却することもできますが、損金不算入となります。法人税の法定償却方法は定率法です。

・租税公課

　法人が支払った租税公課のうち、**法人税、法人住民税は損金不算入**です。また、延滞金や罰課金などペナルティとして支払うものも損金不算入です。

◆ 法人税額の計算

　法人税額は、申告調整後の所得金額に税率を掛けて算出します。法人税の税率は 23.2％（比例税率）ですが、中小法人については**年 800 万円以下の所得金額は 15％の軽減税率が適用**されます。算出された法人税額から税額控除を差し引き、特別税額と足したものが納付税額です。

損金算入となる役員給与

定期同額給与	1カ月以下の一定期間ごとに同額で支給する給与
事前確定届出給与	所定の時期に確定額を支給する旨を事前に税務署に届け出ている給与
業績連動給与	その企業の利益に連動して支給額が増減する給与

上記以外

適正部分 ➡ 損金算入

不相当に高額な部分 ➡ 損金不算入

事前確定届出給与は役員のボーナスに当たるものである

交際費の損金算入限度額

資本金	損金算入限度額
1億円以下（中小法人）	①交際費のうち800万円以下の部分 ②交際費のうち飲食のために支出する費用 × 50% → ①と②のいずれか多い金額を選択
1億円超（大法人）	交際費のうち飲食のために支出する費用 × 50%

※大法人で損金算入が認められるのは、資本金100億円以下の場合のみ

会社の規模にかかわらず1人当たり10,000円以下の飲食費は交際費に該当しません

法人税率

資本金1億円超の法人	所得金額に対して	税率 23.2%
その他の法人（中小法人）	年800万円超の所得金額に対して	税率 23.2%
	年800万円以下の所得金額に対して	税率 15%

中小法人は所得に応じて軽減税率が適用される！

 資本金1億円以下の中小法人で、所得金額が2,000万円の場合の法人税額は？
➡ 所得金額のうち、800万円分が税率15%で、残りの1,200万円分が税率23.2%
800万円 × 15% = 120万円
（2,000万円 − 800万円）× 23.2% = 278万4,000円

⬇

120万円 + 278万4,000円 = 398万4,000円

1 資金計画

2 リスク管理

3 金融資産運用

4 タックスプランニング

5 不動産

6 相続・事業承継

11 消費税のしくみ

商品やサービスの消費に対して
幅広く課されるのが間接税である「消費税」です

消費税は、所得税や法人税とは異なり、国内における商品やサービスの消費に対して幅広く課される税金です。消費税では、**課税取引**と**非課税取引**の違いや**納税義務者**（課税事業者）について知っておきましょう。

消費税が課される取引と納税義務者

◆ 消費税の課税取引と非課税取引

消費税の課税取引とは、次の4つの要件を満たすものです。

①**国内で行う取引**であること

②事業者が**事業**として行う取引であること

③**対価を得て行う取引**であること

④**資産の譲渡、貸付け、役務**<ruby>役務<rt>えきむ</rt></ruby>**の提供**であること

ただし、①～④の要件を満たしても消費税になじまない取引や社会的な配慮から課税することが適当でない取引は非課税取引となります。

具体的には、土地の譲渡・貸付け（1カ月未満の貸付けを除く）、利子、株式等の譲渡、社会保険料、住宅の貸付けなどが非課税取引です。

◆ 消費税の納税義務者

消費税を負担するのは消費者で、事業者（個人事業主や法人）に対して代金に消費税分を上乗せして支払い、事業者は、消費者から預かった消費税額から仕入先に支払った消費税額を差し引いて納付します。なお2023年10月から、消費税の仕入税額控除の方式としてインボイス制度が始まりました。

国内で商品の売買やサービスの提供を行う事業者は消費税の納税義務者となりますが、**基準期間（法人の場合、前々事業年度）の課税売上高が1,000万円以下**である場合などは**免税事業者**となり、その期間の納税義務が免除されます。

第 **5** 章

不動産

この章では、不動産のしくみや登記の考え方、宅地建物取引業法や建築基準法などの法律、不動産に関する税金について学習します。建築基準法で定められている建蔽率と容積率は、計算問題がよく出されます。不動産を有効活用する手法やJ-REIT（上場不動産投資信託）など不動産投資の手法も理解しておきましょう。不動産に関する税金については、不動産の取得・所有・売却時にどのような税金がかかるかを整理しておくことをおすすめします。

不動産の類型と不動産取引における
土地価格の考え方を見ていきましょう

　土地や建物のことを**不動産**といいます。日本では、**土地と建物は別個の不動産**とみなされ、土地だけを売買したり、建物だけを賃貸することも可能です。不動産登記も土地と建物は別々に行います。

土地に関する権利と価格の種類

◆ 宅地の4つの類型

　宅地とは、建物の敷地になっている土地、または建物を建てるための土地で、更地、建付地、借地権、底地の4つの類型があります。

❶**更地**：建物が建っておらず、所有者が自由に使用できる土地

❷**建付地**：建物等の敷地になっている土地で、建物と敷地の所有者が同一で所有者によって使用されている宅地

❸**借地権**：建物の所有を目的として、土地を借りている権利

❹**底地**：借地権の設定がされている土地の所有権

◆ 土地価格の5種類

　土地の価格には、**実勢価格**、**公示価格**、**基準値標準価格**、**相続税評価額**、**固定資産税評価額**の5つがあります。

　このうち実勢価格とは、実際に売買を行う際の価格や、その周辺の土地の売買の事例から推定される価格ですが、その他の4つは、それぞれの目的に応じて公表されている価格です。

　個々の不動産の鑑定評価は、不動産鑑定評価基準にしたがって**不動産鑑定士**が行います。鑑定評価の手法としては、不動産の再調達価格から現在価値を求める**原価法**、その不動産が生み出す収益の予想を基に価値を判断する**収益還元法**、周辺の似ている物件の取引価格を参考にする**取引事例比較法**などがあります。

◎ 宅地の4つの類型

❶更地 建物が建っていない そのままの土地

❷建付地 建物と敷地になっている 土地の所有者が同じ

> 建物の所有者：Aさん
> 土地の所有者：Aさん

❸借地権 建物の所有を目的として 土地を借りている権利

土地を立体的に見ると……

ここが借地権

ここが底地

> 建物の所有者：Bさん
> 借地権者　　：Bさん
> 土地の所有者：Aさん

❹底地 借地権の設定のある土地の所有権

◎ 土地の価格

	公示価格	基準値標準価格	相続税評価額（路線価）	固定資産税評価額
価格の内容	・一般の土地の取引価格の指標となる ・公共事業用地の取得価格算定の基準となる	公示価格の補完として一般の土地の取引価格の指標となる	相続税、贈与税を計算する際の基礎となる	固定資産税、都市計画税などの税金を計算する際の基礎となる
公表機関	国土交通省	都道府県	国税局	市町村 （東京23区は東京都）
基準日	毎年1月1日	毎年7月1日	毎年1月1日	1月1日 （3年ごとに評価替え）
公表日	3月下旬	9月下旬	7月上旬	3月または4月
評価割合	100%	100%	80%	70%

※評価割合とは、公示価格を100とした場合の価格の水準の目安をいう

ワンポイント

宅地の類型をしっかり覚えよう！

宅地の類型には4種類あります。この類型は不動産の科目で使うだけでなく、相続や贈与の際にもこの類型にしたがって評価額を計算することになるので、用語と意味をしっかり覚えておきましょう。借地権と底地は、1つの土地を借りる権利と所有権の面から見た概念です。

1 資金計画

2 リスク管理

3 金融資産運用

4 タックスプランニング

5 不動産

6 相続・事業承継

02 不動産登記

不動産に対する権利を第三者に対して主張するために
不動産を取得したら必ず登記をします

　不動産を取得した際には、**不動産登記**をする必要があります。不動産登記とは、地番や構造、床面積などの不動産の物理的な概要や、所有者は誰かなどの権利関係を不動産登記記録（登記簿）に記載し公示することをいいます。

不動産登記の種類とその効力は

　不動産登記の種類には**表示に関する登記**と**権利に関する登記**があります。

　表示に関する登記は、土地・建物などの所在地、面積、構造などが記載されます。権利に関する登記には、不動産の所有権、地上権、抵当権などが記載されます。

　建物を新築したときは、1カ月以内に表示に関する登記を行うことが定められています。権利に関する登記は義務ではありませんでしたが、2024年4月から相続登記は義務化されました。登記申請の際に書類が整わないなどの場合は、将来の本登記のために順番を確保しておくために**仮登記**ができます。

◆不動産登記の効力

　不動産に対する**権利を第三者に主張するためには、原則として登記が必要**です。これが、不動産登記の**対抗力**です。ただし、借地権は登記がなくても借地上の建物の登記をすることで第三者に対抗できます。また、借家権は建物の引渡しを受けることで、第三者に対抗することができます。

　不動産登記は、登記所の登記官が登記簿に必要事項を記載することで行われます。そのため、**不動産登記には公信力（登記上の内容を信頼して登記記載者と取引をした人の権利を保護すること）がありません。**不動産取引を行う際は、あらかじめ登記簿を閲覧することで権利関係などを確認できますが、その登記内容を信用して無権利者と取引をして損害を被っても、法的な保護はありません。

◎ 不動産登記簿の構成

表題部（表示に関する登記）

土地や建物の表示に関する事項が記載されている

土地：所在、地番、地目、地積

建物：所在、家屋番号、種類、構造、床面積など

※登記上の地番は、住居表示と必ずしも一致しない

登記簿は、登記所に申請し手数料を納付すれば、誰でも閲覧することが可能です！

権利部（権利に関する登記）

土地や建物の権利に関する事項が記載され、甲区と乙区がある

甲区	所有権に関する事項が記載されている
乙区	所有権以外の権利（抵当権など）に関する事項が記載されている

◎ 登記の種類

所有権保存登記	建物を新築したり、新築のマンションや家を購入した場合に行う所有権の最初の登記
所有権移転登記	不動産の売買や相続などで所有権の移転があった場合に行われる登記
抵当権設定登記	金融機関からの借入れで不動産を購入する場合、金融機関がする抵当権の設定登記

◎ 登記簿以外で不動産調査に利用できるもの

地図	・正確な測量に基づいて作成されるため精度が高く、地図から土地の境界などを復元できる ・登記所に備え付けることが定められている（実際には備付けは進んでいない）
公図	・地図に準ずる図面として公図が備えられているが、精度は高くない
地積測量図	・その土地の形状、地積、境界点などが記載されている ・すべての土地について備え付けられているわけではない

ワンポイント

不動産売買の際は、あらかじめ登記簿の確認を！

不動産の購入時に現地調査は欠かせませんが、それに加えて、必ず登記簿の確認をしましょう。場合によっては、対象となる不動産の複雑な権利関係が記載されていてビックリ！などということも。ただし、登記簿に公信力はないのでご注意を！

1 資金計画
2 リスク管理
3 金融資産運用
4 タックスプランニング
5 不動産
6 相続・事業承継

03 不動産取引

重要度 ★★★

不動産取引に関わる宅地建物取引業法や
宅地建物取引士の役割を理解しましょう

　不動産の取引を行う際に必ず知っておきたい法律が**宅地建物取引業法**です。同法は、宅地・建物の取引を行ううえでの購入者等の利益の保護と、宅地・建物の流通の円滑化を図ることを目的としています。

宅地建物取引業法で定められた宅地建物取引業者の役割

◆ 宅地建物取引業の概要

　宅地建物取引業とは、**宅地・建物の取引を「業」として行う**ことです。「取引」とは、宅地・建物を自ら売買・交換したり、売買・交換・貸借の媒介（仲介）や代理を行うことをいいます。「業」とは、不特定多数の人に対して反復継続して取引を行うことです。

　自分が所有する宅地・建物を自分で貸すことは宅地建物取引業には該当しないので、個人でアパート経営をするときなどには免許は不要です。

◆ 宅地建物取引士の役割

　宅地建物取引業を営もうとする人は、**免許が必要**です。複数の都道府県に事務所を設置する場合は**国土交通大臣**、１つの都道府県のみに事務所を設置する場合は**都道府県知事**から免許を受けます。

　宅地建物取引業を行う事務所には、**従業員５人に対し１人以上の専任の宅地建物取引士を置く**ことが義務づけられています。宅地建物取引士の独占業務には、①重要事項の説明、②重要事項説明書への記名、③契約書への記名の３つがあります。

　宅地建物取引業者に土地や建物の売買や賃貸の媒介を依頼する場合には、媒介契約を結びます。媒介契約には**一般媒介契約**、**専任媒介契約**、**専属専任媒介契約**があり、宅地建物取引業法によって、不動産業者が受け取る報酬の限度額や手付金の額の上限が定められています。

172

◎ マイホーム購入の流れ

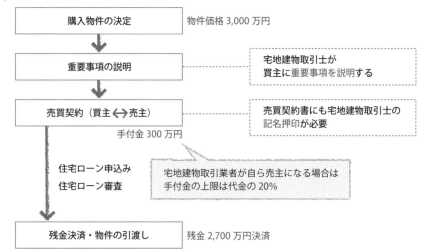

```
┌─────────────────────┐
│   購入物件の決定      │   物件価格 3,000 万円
└─────────────────────┘
          ↓
┌─────────────────────┐       ┌────────────────────────┐
│   重要事項の説明      │------ │ 宅地建物取引士が          │
└─────────────────────┘       │ 買主に重要事項を説明する   │
          ↓                    └────────────────────────┘
┌─────────────────────┐       ┌────────────────────────┐
│ 売買契約（買主⟷売主）│------ │ 売買契約書にも宅地建物取引士の │
└─────────────────────┘       │ 記名押印が必要            │
     手付金 300 万円            └────────────────────────┘

  住宅ローン申込み        ┌────────────────────────────┐
  住宅ローン審査          │ 宅地建物取引業者が自ら売主になる場合は │
          ↓              │ 手付金の上限は代金の 20%        │
┌─────────────────────┐  └────────────────────────────┘
│  残金決済・物件の引渡し │   残金 2,700 万円決済
└─────────────────────┘
```

◎ 媒介契約の種類

		一般 媒介契約	専任 媒介契約	専属専任 媒介契約
依頼主	他の業者への依頼	○	×	×
	自己発見取引	○	○	×
	有効期間	定めなし	3カ月	3カ月
業者	指定流通機構への 登録義務	なし	7日以内	5日以内
	依頼主への報告義務	なし	2週間に1回以上	1週間に1回以上

> 専属専任媒介契約が、依頼主側も業者側も制限がもっとも厳しくなっています

※自己発見取引とは、自分で取引の相手を探すこと

◎ 報酬の限度額

取引金額	報酬の限度額（＋消費税）
200 万円以下	取引金額 × 5％
200 万円超　400 万円以下	取引金額 × 4％＋2万円
400 万円超	取引金額 × 3％＋6万円

> 3,000 万円のマンションを購入した場合、不動産業者に支払う報酬は 3,000 万円 × 3％＋6万円で、96 万円（＋消費税）が限度となる

※報酬の限度額とは、依頼者の一方から受け取ることができる金額
※賃貸の媒介の場合、貸主・借主の双方から受領できる報酬額は、合計して賃料の1カ月分

1 資金計画
2 リスク管理
3 金融資産運用
4 タックスプランニング
5 不動産
6 相続・事業承継

◆ 不動産の売買契約に関するポイント

❶ 手付金（てつけきん）

　手付金とは、契約を結ぶ際に**買主から売主に渡される金銭**のことです。日本の場合、手付金は一般的に解約手付とされ、売主が契約の履行に着手するまでは、買主は手付金を放棄することで契約を解除できます。売主は、手付金の倍額を買主に返すことで契約を解除できます。宅地建物取引業者が自ら売主になる場合、買主から受け取ることができる手付金の額は代金の**2割**が限度です。

❷ 危険負担

　売買契約を締結した後で、引渡し前に建物が自然災害など、売主の過失でも買主の過失でもなく滅失してしまった場合、2020年4月施行の改正民法では、**買主は代金の支払いを拒絶**できます。売買契約自体も、買主からの請求で解除でき、売主は直ちに手付金を買主に返還しなくてはなりません。

❸ 契約不適合責任

　購入した不動産に契約された内容に適合しない瑕疵（かし）（不適合）があった場合、改正民法では、買主は**不適合を知ったときから1年以内にその不適合を売主に通知**することで、売主に対して追完請求（補修などの請求）や代金減額の請求、損害賠償の請求などを行えます。また、不適合が軽微な場合を除いて、買主は契約を解除することもできます。ただし、宅地建物取引業法では、宅地建物取引業者自らが売主となる場合、売主の責任を引渡しから2年以上に定めた期間内に限定できます。

◆ 建物状況調査（インスペクション）

　中古住宅を購入する際、一般の消費者にとっては建物の構造など見えない部分が多く、その状態や質に対して大きな不安があります。その不安を軽減するために、建物状況調査（インスペクション）があります。

　これは、**建物の構造耐力上の重要な部分の状況を専門家が調査**するもので、宅地建物取引業法では、媒介契約時に売主や買主に調査を行う業者を紹介できるかどうかを示し、意向に応じてあっせんしたり、重要事項説明書に調査の結果を記載して買主に説明することなどが定められています。

1 資金計画

2 リスク管理

3 金融資産運用

4 タックスプランニング

5 不動産

6 相続・事業承継

◎ 危険負担と契約不適合責任

危険負担

落雷による
火災で滅失

引渡し予定日

売買契約締結

買主は売買代金の支払いを拒絶することができる

改正民法

瑕疵（通常では見つけられない欠陥）を発見！
・住んでみたら雨漏りがひどい
・見えないところにシロアリの巣があった！

契約不適合責任

・売主の責任を2年に限定したとき

損害賠償請求
できない

・民法上の規定

損害賠償
請求

売買契約締結　　引渡しから
　　　　　　　　2年以上の一定期間

売買契約締結　　10年後　　11年後

宅地建物取引業者が売主となる場合は、引渡しから2年以上の一定期間に売主の責任を限定できる

宅地建物取引法

売主の責任は限定的

不適合を知ったときから1年以内に売主に通知すれば、補修などの請求や代金減額の請求などができる

改正民法

売主の負担が重い！

◎ 建物状況調査（インスペクション）のイメージ

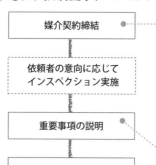

媒介契約締結 ●------ 宅地建物取引業者がインスペクション業者のあっせんの可否を示し依頼者の意向に応じてあっせんする

依頼者の意向に応じて
インスペクション実施

インスペクションは2018年から導入されましたが、まだ実施が義務づけられているわけではありません

重要事項の説明 ● 宅地建物取引業者がインスペクション結果を買主に対して説明

売買契約締結 ● 基礎、外壁の現況を売主・買主が相互に確認しその内容を宅地建物取引業者が書面で交付する

物件の引渡し

04 法律❶ 借地借家法

土地と建物を賃貸借するときのルールを定めた「借地借家法」のポイントを押さえましょう

　土地や建物の賃貸借では、弱い立場に置かれがちな借主を保護するために借地借家法が定められています。従来の旧法が改正され、定期借地契約や定期借家契約という期間を定めた賃貸借契約もできるようになっています。

普通借地権と普通借家権は、立場の弱い借主の権利が強い

◆ 借地権の種類と概要

❶ 普通借地権

　普通借地権は、存続期間が**30年以上**と定められ、**存続期間終了後に契約を更新**することができます。地主（貸主）側が更新を拒絶するには正当事由が必要です。

❷ 定期借地権

　定期借地権には契約更新がなく、契約期間が終了した際は、借主は必ずその土地を返さなければなりません。定期借地権には、**一般定期借地権、建物譲渡特約付借地権、事業用定期借地権**等の3種類があります。

◆ 借家権の種類と概要

❶ 普通借家権

　普通借家権の場合、1年未満の契約は**期間を定めない契約**とみなされるため、存続期間は原則1年以上となります。存続期間が終了したら契約を更新することができ、貸主は正当事由がない限り更新を拒めません。

❷ 定期借家権

　定期借家権は、**あらかじめ決められた期間が来ると契約が終了**し、その契約の更新をすることはできません。契約期間の定めはありませんが、1年以上の契約の場合、賃貸人は契約期間満了の1年前から6カ月前までの間に、賃借人に賃貸借が終了する旨の通知をする必要があります。

普通借地権の存続期間

	最初の契約	更新後の契約	
		1回目	2回目
期間の定めあり	30年以上	20年以上	10年以上
期間の定めなし	30年とみなされる	20年とみなされる	10年とみなされる

普通借地契約の更新
・借地権者が契約の更新を請求したときは、建物がある場合に限り、それに応じなければならない
・借地権者が土地の使用を継続している場合は、建物がある場合に限り、それに応じなければならない
・借地権者が残存期間を超えて存続する建物を再築した場合は、地主が承諾していれば、再築または承諾の日から20年延長される

> 普通借地契約の場合は、いったん土地を貸したら永遠に返してもらえない場合も！

定期借地権の種類

> 事業用定期借地権等では、居住用の建物は建てられない！

	一般定期借地権	建物譲渡特約付借地権	事業用定期借地権等
存続期間	50年以上	30年以上	10年以上50年未満
用途	制限なし	制限なし	事業用に限る
契約方式	書面（電磁的方法を含む）	定めなし	公正証書に限る
内容	次の事項は、特約を定める ・契約の更新がないこと ・建物再築による期間延長がないこと ・建物買取請求権がないこと	30年以降に、地主に建物を相当の対価で譲渡する特約をつけて設定	期間が30年以上の場合、公正証書で次の規定を排除できる ・契約の更新 ・再築による期間延長 ・建物買取請求権
契約期間終了後	原則、更地で返還	建物は地主に帰属	原則、更地で返還

ワンポイント

押印や書面化義務の廃止が進む？

デジタル社会形成整備法により借地借家法が改正され、一般定期借地契約や定期借家契約は電磁的方法での契約も可能になりました。そのほかにも、宅地建物取引業法で重要事項説明書、契約書への押印義務が廃止されるなど、不動産業界でもデジタル化が進んでいます。

区分所有法

専有部分と共用部分があるマンションなどの
所有権について押さえておきましょう

　分譲マンションなどの集合住宅は、1棟の建物でも、部屋ごとに所有者が異なります。このような所有の形態を**区分所有**（く ぶんしょゆう）といいます。

集合住宅でよりよく暮らすための法律と規約がある

　区分所有建物は**区分所有法**（建物の区分所有等に関する法律）で、建物や敷地等の所有や区分所有者の自治などのルールを定めています。

◆ 区分所有建物の権利

　区分所有建物には、その区分所有者（購入者）のみが利用できる**専有部分**と、エントランスやエレベーターなど、他の区分所有者と共有で使う**共用部分**があります。

　専有部分の所有権を**区分所有権**といいますが、専有部分となるためには、住居や店舗、事務所に使えるといった構造上の独立性と利用上の独立性が必要です。区分所有者には、その敷地を利用する権利（敷地利用権）がありますが、**専有部分と敷地利用権を切り離して売買することはできません**。

　共用部分には、共同廊下、階段、エレベーターなどの**法定共用部分**と、集会室や管理人室などのように規約で共用部分とすることができる**規約共用部分**があります。

◆ マンションの規約

　規約とは、建物や敷地の利用に関するルールで、その効力は区分所有者だけでなく居住者にも及びます。規約の変更やマンションに関する事項の決定には、集会を開いて決議を行う必要があります。マンションの管理者は、少なくとも**年1回以上、集会を招集しなければならない**ことが定められています。決議は、区分所有者の数と議決権（専有部分の持分割合によって決まる）の数が基準となり、決議内容によって必要な賛成数が異なります。

区分所有権のイメージ

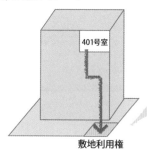

401号室

敷地利用権

401 号室の所有権 ＝ 区分所有権
・敷地利用権の面積は、専有部分の持分割合
　で決まる

※建物の敷地において「ココが 401 号室の分」と区分
　されているわけではない

専有部分と共用部分

専有部分	区分所有権の対象となる部分 ・マンションの 1 室（401 号室など） ・登記によって区分所有権を第三者に対抗できる
共用部分	専有部分以外で区分所有者が共有で使う部分 法定共用部分 ・マンションの構造的に当然に共有する部分 ・エントランス、共同廊下、階段、エレベーター、バルコニーなど 規約共用部分 ・規約で共用部分とすることができる部分や付属建物部分 ・管理人室、集会室、倉庫など

> マンションの登記簿は、土地（敷地利用権）と
> 建物が一体になっています！

集会における議決権の要件

決議内容		必要賛成数
集会の招集		1/5 以上
普通決議事項 　管理者の専任・解任、大規模な修繕、小規模な滅失の復旧、 　共有部分の管理に関する事項		過半数
特別決議事項	規約の設定、変更、廃止など	3/4 以上※
	建替え	4/5 以上※

※規約で別段の定めをすることはできない

1 資金計画
2 リスク管理
3 金融資産運用
4 タックスプランニング
5 不動産
6 相続・事業承継

法律③

06 都市計画法

住みやすい街を目指して
開発・整備をコントロールするための法律です

重要度 ★★☆

　都市計画法は、都市の健全な発展と秩序ある整備を通じて、住みやすい街をつくるための法律です。都市計画法では**都市計画区域**を指定し、さらに**市街化区域、市街化調整区域**などを定めています。

無秩序な開発を排除して、住みやすい街を実現する

◆ 計画的な街づくりを行う都市計画区域

　一体の都市として**総合的に整備、開発を行っていく必要がある**とされる区域が都市計画区域です。都市計画区域は、原則として**都道府県知事が定めます**が、県や市などの行政区域とは関係なく指定できます。都市計画区域の中で、「すでに市街地を形成している区域」や「おおむね10年以内に市街化を図るべき区域」が**市街化区域**です。一方、「市街化を抑制すべき区域」が**市街化調整区域**です。市街化区域では**用途地域**が定められますが、市街化調整区域には、原則として用途地域を定めません。

　都市計画区域でも、市街化区域にも市街化調整区域にも指定されていない区域があります。それが、非線引き都市計画区域です。都市計画区域外でも、無秩序な開発が行われる可能性があると判断される場合は準都市計画区域に指定され、さまざまな規制が適用されます。

◆ 都市計画法における開発許可制度

　都市の無秩序な開発を防ぐため、**都市計画区域内と準都市計画区域内で開発行為を行う場合には、事前に都道府県知事の許可が必要**という開発許可制度があります。ここでいう開発行為とは、「建築物などの建築を行う目的で行う土地の区画形質の変更」であり、建築物等の建築が目的でないものは開発行為には該当しません。小規模開発等については、都道府県知事の許可が不要となる例外があります。

都市計画区域と準都市計画区域

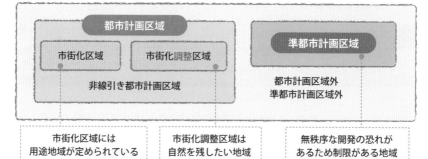

都市計画区域

| 市街化区域 | 市街化調整区域 |

非線引き都市計画区域

準都市計画区域

都市計画区域外
準都市計画区域外

市街化区域には
用途地域が定められている

市街化調整区域は
自然を残したい地域

無秩序な開発の恐れが
あるため制限がある地域

13種類の用途地域

住居系	第一種低層住居専用地域　第二種低層住居専用地域 第一種中高層住居専用地域　第二種中高層住居専用地域 第一種住居地域　第二種住居地域　準住居地域　田園住居地域
商業系	近隣商業地域　商業地域
工業系	準工業地域　工業地域　工業専用地域

都道府県知事の開発許可が不要の開発行為

	小規模開発	農林漁業用建築物	公的機関が行う開発
市街化区域	1,000㎡未満は不要		
市街化調整区域	例外なし		不要
非線引き都市計画区域 準都市計画区域	3,000㎡未満は不要	不要	
上記以外	1ha未満は不要		

市街化調整区域は自然を残したい地域なので
小規模な開発でも許可が必要です！

ワンポイント

田園住居地域とは？

13番目の用途地域として、2018年に田園住居地域が創設されました。これは「農業の利便の増進を図りつつ、これと調和した良好な住居の環境を保護する」地域で、都市部で農地として使われている地域を中心に今後、田園住居地域の指定がなされていく予定です。

1 資金計画
2 リスク管理
3 金融資産運用
4 タックスプランニング
5 不動産
6 相続・事業承継

建築基準法

建物に接する道路の幅から、建物の使い道まで
建物を建てるときの基本的なルールを定めています

建築物の敷地、構造、設備および用途に関する最低限の基準を定めて、そ
こに住む人の生命と財産、日照権などの権利を守るのが建築基準法です。

安全と住環境を考慮して、道路の幅や建物の用途を定める

建築基準法では道路に関する制限、用途に関する制限、建蔽率（けんぺいりつ）の制限、容
積率の制限などが定められています。

◆ 道路に関する制限

建築基準法では、交通の安全や防災のために建物の敷地に接する道路を次
のように定義しています。

- 幅員（ふくいん）（道路の幅）が４ｍ以上ある道路
- 建築基準法が施行されたときすでにあって、特定行政庁の指定を受けた幅員が
  ４ｍ未満の道路（２項道路）

２項道路とは、建築基準法42条2項によって定められたもので、道路の
中心線から２ｍ後退（セットバック）した線が道路境界線とみなされます。
セットバック部分には新たに建物を建てることができません。また、建築物
の敷地は、**幅員４ｍ以上の道路に２ｍ以上接していないといけない**という接
道義務が規定されています。

◆ 用途に関する制限

建築基準法では、13種類の用途地域内で建築物の用途を制限しています
（用途制限）。用途地域は、住居系、商業系、工業系の３種類がさらに細かく
13種類に分かれていて、それぞれの用途地域で、建てられる建物と建てら
れない建物が具体的に決められています。もし、ある敷地が２つ以上の用途
地域にまたがる場合は、**敷地の過半を占める用途地域の制限を受けます。**

◎ セットバックと接道義務

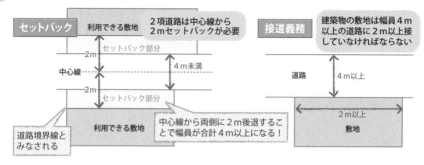

◎ 用途地域別の用途制限

○：建築可能　×：建築不可　△：条件により建築可

用途地域／用途	第一種低層住居専用地域	第二種低層住居専用地域	第一種中高層住居専用地域	第二種中高層住居専用地域	第一種住居地域	第二種住居地域	準住居地域	田園住居地域	近隣商業地域	商業地域	準工業地域	工業地域	工業専用地域
診療所、保育所	○	○	○	○	○	○	○	○	○	○	○	○	○
住宅、共同住宅	○	○	○	○	○	○	○	○	○	○	○	○	×
図書館、老人ホーム	○	○	○	○	○	○	○	○	○	○	○	○	×
店舗兼用住宅	○	○	○	○	○	○	○	○	○	○	○	○	×
小・中・高校	○	○	○	○	○	○	○	○	○	○	○	×	×
事務所	×	×	×	△	△	○	○	×	○	○	○	○	○
病院	×	×	○	○	○	○	○	×	○	○	○	×	×
大学、各種学校	×	×	○	○	○	○	○	×	○	○	○	×	×
ホテル、旅館	×	×	×	×	△	○	○	×	○	○	○	×	×
工場	×	×	×	×	△	△	△	△	△	△	△	○	○

診療所や保育所は、どの用途地域でも建築可能

低層住居専用地域、田園住居地域には、病院や大学などは建てられない

📖 ワンポイント

「用途制限」はイメージで覚えよう

用途制限を詳細に暗記するのは大変なので、用途地域をイメージして、おおまかに覚えておきましょう。たとえば「住居系は人が住むための地域なので、事務所や大学、病院などの制限が厳しい」「工業系は住宅や図書館、小・中・高校などの制限が厳しい」などです。

防災上の観点から、用途地域ごとに建蔽率が定められている

◆ 建蔽率の制限

敷地面積に対する建築物の建築面積のことを建蔽率といいます。つまり、その敷地を上から見たときに、敷地全体の何パーセントまで建物を建てられるかを制限したものが建蔽率です。

$$建蔽率（\%）= \frac{建築面積}{敷地面積} \times 100$$

建蔽率の最高限度は、用途地域ごとに決められていて、土地ごとに建蔽率が指定されます。これを指定建蔽率といいます。

たとえば、指定建蔽率60％であれば、100㎡の土地に敷地面積60㎡までの建物を建てることができます。

◆ 建蔽率の緩和措置

次のいずれかに該当する場合は、指定建蔽率に10％を加算することができます。両方に該当する場合は20％を加算することができます。

- 指定建蔽率が80％以外の地域で、防火地域内の耐火建築物等または準防火地域内の耐火建築物・準耐火建築物等
- 特定行政庁が指定する角地などにある建築物

次のいずれかに該当する建築物は、建蔽率の制限が適用されないため、敷地いっぱいに建物を建てることができます。

- 指定建蔽率が80％の地域で防火地域内にある耐火建築物等
- 派出所、公衆便所など
- 公園や広場などにある建築物で、特定行政庁が安全上、防火上および衛生上、支障がないと認めたもの

◆ 建築物の敷地が建蔽率の異なる地域にまたがる場合

建築物の敷地が、建蔽率の異なる地域にまたがる場合、**それぞれの地域の指定建蔽率を敷地面積で加重平均した値**が、その敷地全体の建蔽率の最高限度となります。

◎ 建蔽率の最高限度

用途地域	次の数値の中から都市計画で決める
第一種低層住居専用地域 第二種低層住居専用地域 第一種中高層住居専用地域 第二種中高層住居専用地域 田園住居地域 工業専用地域	30%、40%、50%、60%
第一種住居地域 第二種住居地域 準住居地域 準工業地域	50%、60%、80%
近隣商業地域	60%、80%
商業地域	80%
工業地域	50%、60%

◎ 敷地が建蔽率の異なる地域にまたがる場合

例 用途地域の異なる土地を一体化して1つの建築物を建てる場合の建蔽率の上限は？

300 ㎡	200 ㎡
用途地域：商業地域 指定建蔽率：80%	用途地域：低層住居 専用地域 指定建蔽率：60%

建蔽率の上限：$80\% \times \dfrac{300 ㎡}{500 ㎡} + 60\% \times \dfrac{200 ㎡}{500 ㎡} = 72\%$

最大建築面積：$500 ㎡ \times 72\% = 360 ㎡$

1 資金計画
2 リスク管理
3 金融資産運用
4 タックスプランニング
5 不動産
6 相続・事業承継

建築物は、容積率の制限も満たす必要がある

◆ 容積率の制限

敷地面積に対する建築物の延べ面積の割合が容積率です。建物の各フロアの床面積を合計したものが延べ面積になります。

$$容積率（\%）= \frac{建築物の延べ面積}{敷地面積} \times 100$$

建蔽率と同様に、容積率の最高限度も用途地域ごとに定められています。指定容積率が300％であれば、100㎡の土地に延べ面積300㎡までの建物を建てることができます。1つの土地に建蔽率と容積率が指定されているので、両方の制限を満たす必要があります。

◆ 前面道路の幅員による容積率の制限

建築物の接する道路の幅員が12m未満の場合は、防災上等の観点から、容積率が制限され、次の①②の数値のどちらか低いほう（制限が厳しいほう）の容積率が適用されます。

①前面道路の幅員に法定乗率を掛けた値
②その土地の指定容積率

◆ 建築物の敷地が容積率の異なる地域にまたがる場合

建築物の敷地が、容積率の異なる地域にまたがる場合、それぞれの地域の指定容積率を敷地面積で加重平均した値が、その敷地全体の容積率の最高限度となります。

◆ 防火規制について

都市計画区域内では、火災による被害を考慮して防火規制が指定されている地域があります。防火地域には原則として木造建築物を建てることができません。準防火地域では、建築物の規模に応じて一定の防火措置が必要とされます。建築物が防火規制の異なる地域にわたる場合、もっとも厳しい規制が適用されます。防火規制は「防火地域」がもっとも厳しく、「準防火地域」「防火規制なし」の順で規制が緩やかになります。

◎ 容積率の最高限度

用途地域	次の数値の中から都市計画で決める
第一種低層住居専用地域 第二種低層住居専用地域 田園住居地域	50%、60%、80%、100%、150%、200%
第一種中高層住居専用地域 第二種中高層住居専用地域 第一種住居地域 第二種住居地域 準住居地域 近隣商業地域 準工業地域	100%、150%、200%、300%、400%、500%
工業地域 工業専用地域	100%、150%、200%、300%、400%
商業地域	200%、300%、400%、500%、600%、700%、 800%、900%、1000%、1100%、1200%、1300%

◎ 前面道路の幅員による制限

6m

建築物

300 ㎡

用途地域：住居地域
指定容積率：300%

$$6m \times \frac{4}{10} = 240\% < 指定容積率 300\%$$

→ この土地の容積率の上限は 240%

用途地域	法定乗率 （前面道路の幅員に掛ける数値）
住居系	$\frac{4}{10}$
非住居系	$\frac{6}{10}$

防火規制が定められて
いない土地（防火規制
なし）もあります

◎ 防火規制

防火地域	・原則として木造建築物を建てられない ・3階以上または延べ面積100 ㎡超の場合、 　耐火建築物にしなければならない
準防火地域	・建築物の階数と延べ面積によって、一定の 　防火措置を必要とする

1 資金計画

2 リスク管理

3 金融資産運用

4 タックスプランニング

5 不動産

6 相続・事業承継

不動産を取得する際に
どのような税金がかかるのかを知っておきましょう

　不動産を取得すると、さまざまな税金がかかりますが、ここでは、**不動産取得税、登録免許税、印紙税**について見ていきます。土地と建物では不動産登記を別々に行ったように、税金も土地と建物は別個に計算します。

住むための住宅を取得するときには、税金の軽減措置がある

◆ 不動産取得税

　不動産取得税は、**不動産を取得した際にかかる税金**で、その不動産を購入したときだけでなく、交換、贈与、増改築の場合にも納税義務があります。ただし、相続や遺贈によって不動産を取得した場合には課されません。不動産取得税の額は、現在、固定資産税評価額の３％ですが、住宅用家屋とその敷地を取得した場合にはさらに税金を軽減する特例があります。

◆ 登録免許税

　登録免許税は、**登記の際に納付する税金**です。不動産登記には、不動産の購入による所有権の移転登記、新築による保存登記などがあります。住宅ローンを組む場合は、金融機関によって抵当権の設定登記がなされます。

　登録免許税は、固定資産税評価額を基に計算しますが、抵当権の設定登記の場合は債権金額が課税標準となります。登録免許税にも、住宅用家屋を登記する際の軽減措置が設けられています。

◆ 印紙税

　印紙税は、**対象となる文書を作成したときに課される税金**です。不動産関連では、土地の賃貸借契約書、売買契約書、請負契約書、売買代金の受領書などが印紙税の課税文書です。文書に記載された金額を基に税額を計算しますが、不動産の場合は印紙税が高額になることが多いです。

◎ 不動産取得税

> 不動産取得税 ＝ 固定資産税評価額 × 3％※

※住宅用家屋と土地の取得は3％、
住宅用家屋以外は4％

＜不動産取得税の課税標準の特例＞

住宅の特例	固定資産税評価額 － 1,200万円

※新築住宅：住宅（賃貸住宅も可）で50㎡（賃貸マンションは40㎡）以上240㎡以下が対象
中古住宅：自己居住用の住宅で50㎡以上240㎡以下の住宅が対象（中古住宅は、築年数による要件が
あり、新築の時期により控除額が異なる）

住宅用土地の特例	固定資産税評価額 × $\frac{1}{2}$

※一定の要件を満たすとさらに税額控除できる

◎ 登録免許税

> 登録免許税 ＝ 課税標準 × 税率

＜登録免許税の税率と特例による軽減税率＞

登記の内容	課税標準	税率	一般住宅の軽減税率
所有権保存登記	固定資産税評価額	0.4%	0.15%
所有権移転登記		2%	0.3%
抵当権設定登記	債権金額	0.4%	0.1%

※軽減税率は、自己居住用の家屋（50㎡以上）を新築、または取得後1年以内に登記をした場合に適用される

◎ 印紙税（不動産の譲渡の場合）

記載金額		売買契約書などの場合
1万円以上	50万円以下	200円
50万円超	100万円以下	500円
100万円超	500万円以下	1,000円
500万円超	1,000万円以下	5,000円
1,000万円超	5,000万円以下	10,000円
5,000万円超	1億円以下	30,000円

課税標準とは？

税金を計算する基となる金額を課税標準といいます。不動産取得税では、その土地や家屋の固定資産税評価額が課税標準になります。税額を軽減する方法には、「課税標準を下げる方法」「税率を下げる方法」「税額控除をする方法」の3つがあります。

1 資金計画
2 リスク管理
3 金融資産運用
4 タックスプランニング
5 不動産
6 相続・事業承継

不動産を所有している場合

不動産は取得時だけでなく
保有している間、毎年税金を払う義務があります

　不動産を保有している場合、毎年、**固定資産税**がかかります。また、市街
化区域内の土地や家屋を所有している場合は**都市計画税**も支払います。

1月1日現在の固定資産の所有者に課せられる税金

◆ 固定資産税

　毎年1月1日現在で固定資産（土地、家屋など）を所有している人に対し
て、所在地の市区町村が課すのが**固定資産税**です。

　固定資産税評価額（169ページ）を基に税額を計算し、税率は1.4%（標
準税率）ですが、市区町村が独自に決めることもできます。住宅用地や新築
住宅については税額を軽減する特例があります。

◆ 都市計画税

　都市計画事業などの費用に充てるため、原則として市街化区域内の土地や
家屋の所有者に課すのが**都市計画税**です。

　都市計画税も市区町村が課税主体となり、固定資産税とセットで納付しま
す。課税標準は固定資産税評価額で、税率は0.3%（制限税率）ですが、市
区町村が0.3%を上限として独自に定めることができます。固定資産税と同
様に、都市計画税にも住宅用地の課税標準を引き下げる特例があります。

◆ 1年の途中で不動産を売買した場合

　固定資産税と都市計画税は、1月1日現在で、その土地や家屋の所有者と
して固定資産課税台帳に登録されている人に納付義務があります。

　1年の途中で不動産を売買した場合は、1年を所有期間で按分して、相応
する税額を売主が買主に請求するのが一般的です。

◎ 固定資産税

> 固定資産税 ＝ 課税標準 × 1.4%（標準税率）

＜住宅用地の課税標準の特例＞

小規模住宅用地 （土地のうち 200 ㎡以下の部分）	固定資産税評価額 × $\dfrac{1}{6}$
一般住宅用地 （土地のうち 200 ㎡超の部分）	固定資産税評価額 × $\dfrac{1}{3}$

＜新築住宅の税額軽減の特例＞
- 住宅を新築した場合、要件を満たせば税額が半額になる
- 軽減される期間：新築後 3 年間（地上 3 階建て以上の中高層耐火住宅は 5 年間）

◎ 都市計画税

> 都市計画税 ＝ 課税標準 × 0.3%（制限税率）

＜住宅用地の課税標準の特例＞

小規模住宅用地 （土地のうち 200 ㎡以下の部分）	固定資産税評価額 × $\dfrac{1}{3}$
一般住宅用地 （土地のうち 200 ㎡超の部分）	固定資産税評価額 × $\dfrac{2}{3}$

※住宅用地が特例の対象となる

マメ知識

　固定資産税や都市計画税の軽減措置が適用になる「住宅用地」とは、「住むための建物が建っている土地」のことです。

「そこに居住していること」という要件はないため、「家（建物）さえ建っていれば税金が安くなる」ということになり、住む人がいなくなった家を長年にわたって取り壊さずに放置……という事態が起こってしまうこともあります。

　防災上や衛生上の問題が多いことから、2015 年に空家等対策の推進に関する特別措置法が施行されました。これによって、自治体は適切な管理が行われておらず、倒壊の危険があったり、衛生上有害な空家を「特定空家等」に指定することができるようになりました。

　特定空家等に指定された場合、固定資産税や都市計画税の軽減の特例は適用されなくなります。

1 資金計画

2 リスク管理

3 金融資産運用

4 タックスプランニング

5 不動産

6 相続・事業承継

10 税金❸

不動産を売却した場合

不動産を譲渡して譲渡益がある場合は
所得税と住民税が課されます

不動産を譲渡したときは、譲渡所得として課税される

◆ 譲渡所得金額の計算

　不動産を譲渡した場合は、譲渡所得として課税の対象になります。譲渡所得金額の計算は、次のように行います。

譲渡所得金額 ＝ 譲渡収入金額 － （取得費 ＋ 譲渡費用）

　譲渡収入金額は、対象となる不動産の売却代金ですが、そこから費用として取得費と譲渡費用を差し引くことができます。

　取得費がわからないときは、**譲渡収入金額の5％を取得費**とみなして計算します。これを概算取得費といいます。取得費がわかっている場合でも、概算取得費の額のほうが高い場合は、概算取得費を使って計算することができます。

◆ 長期譲渡所得と短期譲渡所得

　不動産所得は分離課税の対象ですが、**譲渡した年の1月1日現在までの所有期間が5年を超えるかどうか**で、長期譲渡所得と短期譲渡所得に分けられます。

　譲渡所得金額から特別控除を差し引いたものが課税譲渡所得金額で、課税長期譲渡所得と課税短期譲渡所得に分けられます。

　課税譲渡所得金額に税率を掛けて税額を計算しますが、課税長期譲渡所得と課税短期譲渡所得では税率が異なります。課税長期譲渡所得の場合は、自分が長く住んでいた家を売ったと考えられるので税率は低くなります。課税短期譲渡所得の場合は、利益を得ることが目的の不動産の売買とみなされ、税率が高くなります。

◎ 譲渡所得金額の計算

> 譲渡所得金額 ＝ 譲渡収入金額 －（取得費 ＋ 譲渡費用）

◆ 譲渡収入金額 ＝ 土地や建物の譲渡代金（売却代金）

◆ 取得費として認められる費用

- ・譲渡した不動産の取得代金（減価償却費を差し引く）
- ・取得時の仲介手数料、不動産取得税、登録免許税、印紙税
- ・購入時の設備費、改良費　など

> 取得代金がわからないときは、売却代金の5％を取得費として計算！
> → 概算取得費

◆ 譲渡費用として認められる費用

- ・譲渡時の仲介手数料、登記費用
- ・譲渡時の建物取壊し費用、借家人の立退き費用　など

◎ 長期譲渡所得と短期譲渡所得

種類	土地・建物の所有期間
長期譲渡所得	譲渡した年の1月1日現在の所有期間が5年超
短期譲渡所得	譲渡した年の1月1日現在の所有期間が5年以下

2023.1　2024.1

2018.8　2019.8　2020.8　2021.8　2022.8　2023.8　2024.8

購入　　　　　　　　　　　　　　　　　譲渡

ケース①　短期

ケース②　長期

> 2023年8月で実際の所有期間は丸5年になるが、譲渡した年の1月1日現在で判断するので5年以下となり、短期譲渡所得になる
> ケース❶

> 2024年1月1日以降に譲渡すれば長期譲渡所得になる
> ケース❷

◎ 課税長期譲渡所得と課税短期譲渡所得の税率

課税長期譲渡所得	20%（所得税15%、住民税5%）
課税短期譲渡所得	39%（所得税30%、住民税9%）

> 課税短期譲渡所得は長期の2倍近く税金がかかる！

※所得税には復興特別所得税が上乗せされる

1 資金計画

2 リスク管理

3 金融資産運用

4 タックスプランニング

5 不動産

6 相続・事業承継

◆ 居住用財産を譲渡して、譲渡益がある場合の特例

　住んでいる家（居住用財産）を譲渡したときに過大な税金をかけてしまうと、新居の購入費用が不足するなどの問題が起こることが考えられます。また、譲渡損があるときに税金を支払うのは厳しいものです。そのため、居住用財産を譲渡する際には、税金を軽減するために、次のようなさまざまな特例が設けられています。

❶ 居住用財産の 3,000 万円特別控除の特例

　居住用財産を譲渡して譲渡益がある場合、**譲渡所得の金額から最高 3,000 万円を控除**することができます。つまり、居住用財産を譲渡して譲渡益が 3,000 万円以下のときは、税金は課されません。居住用財産の所有期間にかかわらず適用を受けることができる特例です。

❷ 居住用財産の軽減税率の特例

　譲渡した年の 1 月 1 日現在で**所有期間が 10 年を超える居住用財産**を譲渡した場合、3,000 万円特別控除適用後の課税長期譲渡所得金額で 6,000 万円以下の部分に軽減税率が適用になります。

◆ 居住用財産を譲渡して、譲渡損がある場合の特例

❶ 居住用財産の買換え等の場合の譲渡損失の繰越控除の特例

　居住用財産を譲渡して譲渡損失があった場合、新たに居住用財産を取得することで、その損失を譲渡した年の**他の所得と損益通算**でき、さらに譲渡損失が残った場合は、**翌年以降 3 年間にわたって繰越控除**をすることができます。譲渡した年の前年 1 月 1 日から翌年 12 月 31 日までに買換え資産を購入した場合に適用されます。

❷ 特定居住用財産の譲渡損失の繰越控除の特例

　住宅ローンが残っている居住用財産を譲渡して譲渡損がある場合、譲渡価格を超える住宅ローン残高を上限に、譲渡した年の**他の所得と損益通算**できます。さらに譲渡損失が残った場合は、**翌年以降 3 年間にわたって繰越控除**をすることができます。この特例は、居住用財産の買換えをしない場合にも適用を受けられます。

◎ 居住用財産の3,000万円特別控除の特例

譲渡収入 2億円

取得費 1億円	譲渡費用 500万円	特別控除 3,000万円	課税譲渡所得 6,500万円

3,000万円の特別控除は所有期間
にかかわらず適用

所有期間が10年超の場合に適用
・譲渡益の6,000万円以下の部分
 → 所得税10%、住民税4%
・譲渡益の6,000万円超の部分
 → 所得税15%、住民税5%

適用要件

・居住用財産であること
・譲渡した相手が親子や夫婦など特別の関係でないこと
・前年、前々年に、居住用財産に係る特例の適用を受けていないこと
・居住の用に供さなくなってから3年以内に譲渡すること
・軽減税率の特例は、所有期間が10年超であること

◎ 居住用財産の買換え等の場合の譲渡損失の繰越控除の特例

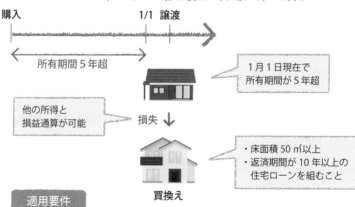

購入　　　　　　　　　1/1 譲渡

所有期間5年超

1月1日現在で
所有期間が5年超

他の所得と
損益通算が可能

損失 ↓

・床面積50㎡以上
・返済期間が10年以上の
　住宅ローンを組むこと

買換え

適用要件

・譲渡した年の前年1月1日から翌年12月31日までの間に買換え資産を取得
　すること
・所得した年の翌年12月31日までの間に居住の用に供すること
・譲渡した相手が本人の親や子、夫婦など特別の関係でないこと
・前年、前々年に、居住用財産に係る特例の適用を受けていないこと
・合計所得が3,000万円以下であること

※買換え資産の住宅ローンは、住宅ローン控除の適用を受けることができる

1 資金計画
2 リスク管理
3 金融資産運用
4 タックスプランニング
5 不動産
6 相続・事業承継

11 不動産の有効活用

不動産投資の利回りと不動産を有効活用するための
事業手法を知りましょう

重要度　★★☆

　不動産投資の収益は、賃料収入（ちんりょうしゅうにゅう）によって得られるインカムゲインと、売却によって得られるキャピタルゲインに分かれます。不動産投資をする際には、あらかじめしっかりと投資利回りを計算する必要があります。

不動産を有効活用するために、さまざまな手法がある

◆不動産の投資利回りの考え方

❶単純利回り

　単純利回りとは、グロス利回り、表面利回りともいわれ、**不動産投資の表面的な収益性を見る**ために用いられます。

❷純利回り

　純利回りは、ネット利回り、実質利回りともいわれ、諸経費を考慮に入れて、**不動産投資による実質的な収益性を見る**ために用いられます。

◆不動産を有効活用する方法

　使われていない不動産を有効活用することで、収益を生む不動産としてよみがえらせることができます。その事業手法には**自己建設方式、事業受託方式、土地信託方式、等価交換方式、定期借地権方式**などがあります。

　自己建設方式は、自分が所有する土地に自分で建物を建てる方法ですが、手間がかかるうえに専門知識が必要になります。

　そこで、デベロッパー（不動産開発業者）に任せて土地を活用する事業受託方式を活用することができます。

　土地信託方式は、信託銀行に任せて土地を有効活用してもらう方法です。

　等価交換方式は、土地を地主が提供し、デベロッパーの資金で建物等を建て、それぞれが区分所有する方法です。

　定期借地権方式は、期間を定めて土地を貸すことで有効活用する方法です。

1 資金計画

2 リスク管理

3 金融資産運用

4 タックスプランニング

5 不動産

6 相続・事業承継

◎ 不動産の投資利回り

〈❶単純利回り〉

$$単純利回り = \frac{年間収入合計}{投資金額} \times 100$$
（%）

〈❷純利回り〉

$$純利回り = \frac{純収益（収入合計 - 経費）}{投資金額} \times 100$$
（%）

◎ 等価交換方式のイメージ

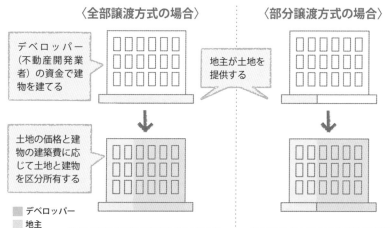

〈全部譲渡方式の場合〉 〈部分譲渡方式の場合〉

デベロッパー（不動産開発業者）の資金で建物を建てる

地主が土地を提供する

土地の価格と建物の建築費に応じて土地と建物を区分所有する

■ デベロッパー
□ 地主

全部譲渡方式	部分譲渡方式
地主が所有する土地の全部をデベロッパーに譲渡 ↓ 建物完成 ↓ 譲渡した土地の価額に相当する土地と建物を取得する	地主が所有する土地の一部をデベロッパーに譲渡 ↓ 建物完成 ↓ 譲渡した土地の価額に相当する建物を取得する

ワンポイント

今、注目されている「等価交換方式」

土地を有効活用する手法として等価交換方式が注目されています。建物の建築費用はデベロッパーが支払うので、地主に十分な資金がない場合などにも活用できる方法だからです。FP2級の試験でも、不動産の有効活用の手法として出題されやすい項目です。

12 J-REIT
ジェイ・リート

小口の資金しか持たない個人でも
不動産投資をすることができます

J-REIT は、「Japanese Real Estate Investment Trust」の略で、**日本版
の不動産投資信託**のことです。投資家から集めた資金をオフィスビルや商業
施設、マンションなどの不動産に投資して、その賃貸料や売買益を投資家に
分配するしくみの投資信託です。

株式を売買するように不動産投資ができる J-REIT

◆ J-REIT のしくみ

J-REIT は不動産投資法人が不動産を購入・運営することで、資産を運用
していくしくみです。ただし、投資法人は法律によって運用などの実質的な
業務を行うことが禁止されているため、運用業務は運用会社に、資産保管業
務は資産保管会社に、一般事務は事務受託会社に委託されています。

◆ 投資対象としての J-REIT

個人が不動産に直接投資を行うには、大きな資金が必要です。しかし、
J-REIT なら、**少額で不動産投資をすることが可能**です。

具体的には、投資法人が受益証券を発行し、投資家はこの受益証券を購入
することで J-REIT に投資を行います。

J-REIT は証券取引所に上場しているため、**株式と同様に時価で指値注文
や成行注文をすることができます**。J-REIT を保有することで不動産の運用
益を分配金として受け取ることもできます。投資法人は、利益の90％超を
分配金として還元することなどの要件を満たすことで法人税が免除になるし
くみなので、分配金を支払いやすいというメリットがあります。収益は運用
不動産の賃料収入が中心となるため、株式ほどリスクが高くなく、ミドルリ
スク・ミドルリターンの商品といえます。課税関係は株式と同様ですが、**分
配金には配当控除の適用はありません。**

第 6 章

相続・事業承継

この章では、民法における相続人と相続分の考え方や、税法による相続税・贈与税の計算方法を学習します。相続人になれる人と、それぞれの法定相続分を理解しましょう。遺言書を作成することで、相続にまつわる親族間の争いを避けられますが、遺言書には形式が定められているため、一定の方式にのっとって作成する必要があります。相続税の計算では、基礎控除額や法定相続人の数の考え方だけでなく、その計算方法をしっかり理解しましょう。

親族等の規定

婚姻で生じる親族の範囲や実子と養子が持つ
相続権の違いを知っておきましょう

　民法は、市民生活における市民相互の関係や財産関係、家族関係などを規定するための法律です。民法では、配偶者および6親等内の血族、3親等内の姻族を親族と規定しています。夫婦、直系血族、兄弟姉妹は、互いに扶養義務を負うことも定められています。特別の事情がある場合は、家庭裁判所が3親等内の親族にも扶養義務を負わせることがあります。

民法で規定されている家族関係

◆民法上の親族の範囲と内容

❶血族

　出生により発生する血のつながりのある血族を**自然血族**といいます。養子縁組により血族とみなされるのが**法定血族**です。

❷姻族

　姻族とは、婚姻で生じる配偶者の一方から見た場合の、他方の血族です。夫から見た妻の父母や、自分の兄弟姉妹の配偶者などが姻族に当たります。

❸配偶者と姻族関係

　配偶者とは、**法律上の婚姻関係がある相手**のことで、婚姻関係を結ぶことで、相手の親族が姻族となります。

◆民法上の実子と養子の種類

　実子には、法律上の婚姻関係にある夫婦から生まれた**嫡出子**と、法律上の婚姻関係にない男女から生まれ、父または裁判所が認知した**非嫡出子**があります。

　養子には**普通養子**と**特別養子**があります。普通養子は実親の相続権も残りますが、特別養子の場合は養親との親子関係のみとなるので、実親の相続権はありません。

1 資金計画

2 リスク管理

3 金融資産運用

4 タックスプランニング

5 不動産

6 相続・事業承継

◎ 民法上の親族関係図

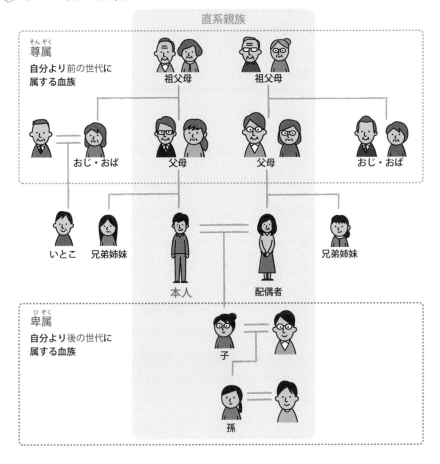

直系親族

尊属
自分より前の世代に属する血族

卑属
自分より後の世代に属する血族

祖父母　祖父母

おじ・おば　父母　父母　おじ・おば

いとこ　兄弟姉妹　本人　配偶者　兄弟姉妹

子

孫

◎ 普通養子と特別養子

普通養子	養子が実親との関係を残したまま、養親との関係をつくる →普通養子には、実親の相続権も養親の相続権もある
特別養子	実親との関係を終了し、養親と養子縁組を組む →特別養子は養親の嫡出子として扱われるため、実親の相続権はなくなる

特別養子縁組を組むことができるのは、子どもが15歳になるまでです！

相続・相続人とは?

民法上の相続人の定義と
相続人の順位について知っておきましょう

相続とは、死亡した人の財産を遺族などが受け継ぐことです。相続は**人の死亡によって開始**するだけでなく、**失踪宣告によって死亡とみなされて相続が開始**する場合もあります。

相続人は民法で規定され、相続人となる順位も決まっている

死亡した人を被相続人、財産を受け継ぐ人を相続人といいます。被相続人の財産は、相続が開始した瞬間、相続人に引き継がれます。

◆ 相続人になれる人

相続人は民法で規定されていて、これを法定相続人といいます。**配偶者はつねに相続人**になりますが、それ以外の遺族は順位が決まっており、上位順位者から相続人になります。**第1順位は子、第2順位は直系尊属、第3順位は兄弟姉妹**です。また、配偶者とは婚姻関係のある戸籍上の配偶者を指し、内縁関係では相続人になることはできません。

- ・第1順位:子　被相続人の子は第1順位になる。子が複数いる場合は、共同で相続人になる。

- ・第2順位:直系尊属　第1順位の相続人がいないときは、直系尊属が相続人になる。直系尊属とは、被相続人の親、祖父母などで、もっとも親等の近い直系尊属が相続人になる。

- ・第3順位:兄弟姉妹　被相続人の兄弟姉妹のこと。第1順位、第2順位の相続人がいない場合は、兄弟姉妹が相続人になる。

◆ 相続人以外が財産を受け取るケース

相続人でなくても、**遺贈や死因贈与**によって財産を受け取ることがあります。遺贈とは、**遺言書によってその人に財産を渡すこと**、死因贈与は、**生前に「死んだらこの財産をあげる」という契約を交わしておくこと**です。

法定相続人

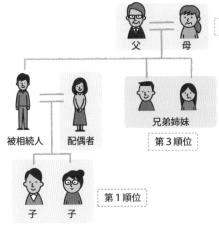

第2順位 — 父 母

被相続人 / 配偶者

兄弟姉妹
第3順位

子 子
第1順位

Point

- 配偶者はつねに相続人になる
- 子、直系尊属、兄弟姉妹は上位順位から相続人になる

↓

- 「配偶者と子」「配偶者と直系尊属」のように組み合わせて相続人になる
- 被相続人に子、直系尊属、兄弟姉妹がいない場合は、相続人は配偶者のみになる

遺贈と死因贈与

遺贈

誰に財産をあげたいのかを書いておく

遺言書

被相続人 → 受遺者

死因贈与

生前に「死んだらあげる」という契約をする

「亡くなったらもらいます」という合意がある

被相続人 / 受贈者

死因贈与は贈与契約の一種ですが、相続税の対象となります

ワンポイント

相続人以外に自分の財産を贈与したい場合は？

民法では法定相続人が定められており、遺言書がない場合には、法定相続人以外は相続できません。「お世話になった人に自分の財産をあげたい」「○○（団体・施設など）に寄付したい」というような場合は、遺言書を作成したり、死因贈与の契約を結ぶ必要があります。

1 資金計画
2 リスク管理
3 金融資産運用
4 タックスプランニング
5 不動産
6 相続・事業承継

◆ 相続人ごとの法定相続分

被相続人が遺言書を残している場合、その内容にしたがって、それぞれの相続人が財産を相続します。これを指定相続分といいます。被相続人は、**遺言書によって相続させる財産の種類や割合を指定**することができます。

遺言による相続分の指定がない場合は、民法で定められた相続分によって財産を分割します。これを法定相続分といいます。同一順位の相続人が複数いる場合は均等に分けます。子は、実子、養子、非嫡出子（法律上の婚姻外で生まれた子）にかかわらず、法定相続分は同一です。遺言書がある場合でも、相続人全員の合意があれば、遺言書通りに財産を分けなくてもかまいません。

❶配偶者のみが相続人の場合

配偶者がすべての財産を相続します。

❷配偶者と子が相続人の場合

配偶者の法定相続分が２分の１、子の法定相続分が２分の１です。

❸配偶者と直系尊属が相続人の場合

配偶者の法定相続分が３分の２、直系尊属の法定相続分が３分の１です。

❹配偶者と兄弟姉妹が相続人の場合

配偶者の法定相続分が４分の３、兄弟姉妹の法定相続分が４分の１です。

◆ 代襲相続

代襲相続とは、被相続人の子が相続開始前（同時死亡を含む）に死亡しているときや、欠格または廃除によって相続権を失ったときに、その「子の子（被相続人の孫）」が相続人となることです。

第１順位の相続人の子（被相続人の孫）が代襲相続人の場合、その代襲相続人がすでに死亡していればさらにその子（被相続人のひ孫）が代襲相続人となります。これに対して、兄弟姉妹の場合にはその子までの代襲相続しか認められません。

欠格とは、相続人となる者が被相続人を殺したり、詐欺や強迫によって遺言書を書かせた場合などに**相続人としての資格を失う**ことをいいます。廃除とは、被相続人を虐待・侮辱した場合などに、**被相続人が家庭裁判所に申し立てることで、相続権を失わせる**ことです。

1 資金計画

2 リスク管理

3 金融資産運用

4 タックスプランニング

5 不動産

6 相続・事業承継

◎ 法定相続人と法定相続分

❶法定相続人が配偶者のみの場合：配偶者がすべての財産を相続

❷法定相続人が配偶者と子の場合

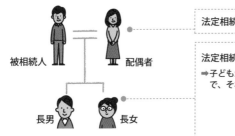

法定相続分は $\dfrac{1}{2}$

法定相続分は $\dfrac{1}{2}$
➡ 子どもが2人いる場合は、2人で均等に分けるので、それぞれの相続分は次のようになる

$$長男：\dfrac{1}{2} \times \dfrac{1}{2} = \dfrac{1}{4}$$

$$長女：\dfrac{1}{2} \times \dfrac{1}{2} = \dfrac{1}{4}$$

❸法定相続人が配偶者と直系尊属の場合

法定相続分は $\dfrac{1}{3}$
➡ 両親とも健在の場合、2人で均等に分けるので、それぞれの相続分は次のようになる

$$父：\dfrac{1}{3} \times \dfrac{1}{2} = \dfrac{1}{6}$$

$$母：\dfrac{1}{3} \times \dfrac{1}{2} = \dfrac{1}{6}$$

法定相続分は $\dfrac{2}{3}$

❹法定相続人が配偶者と兄弟姉妹の場合

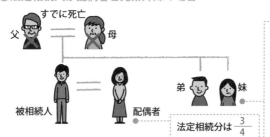

法定相続分は $\dfrac{1}{4}$
➡ 兄弟姉妹が2人いる場合、2人で均等に分けるので、それぞれの相続分は次のようになる

$$弟：\dfrac{1}{4} \times \dfrac{1}{2} = \dfrac{1}{8}$$

$$妹：\dfrac{1}{4} \times \dfrac{1}{2} = \dfrac{1}{8}$$

法定相続分は $\dfrac{3}{4}$

◎ 寄与分と特別受益

相続分の割合に不公平感があるときの解決方法として、民法では寄与分と特別受益を定めている

寄与分：被相続人の財産の増加や維持をするために特別の働きをした場合
　→すべての相続財産から寄与分を差し引いたうえで、法定相続分通りに分ける。寄与者は法定相続分に寄与分を加算して相続する

特別受益：生前に被相続人から住宅取得資金や開業資金などの援助を受けていた場合
　→生前にもらった分を相続財産に加えてから、それを法定相続分通りに分ける。援助を受けていた人は、生前にもらっていた分を差し引いて相続する

03 民法❸
相続の承認と放棄

借金などのマイナスの相続財産が多いときは
限定承認や相続の放棄を検討します

相続人は、被相続人の財産を相続するかどうかを選択できます。相続によって、被相続人の財産だけでなく借金なども引き継ぐからです。また、被相続人に債務がない場合も相続の放棄をすることは可能です。

相続人は、相続を承認するか放棄するかを3カ月以内に決める

◆ 単純承認と限定承認

単純承認とは、被相続人の債務も含めて一切の権利と義務を引き継ぐことです。**限定承認**は、被相続人の資産の範囲内で債務を引き継ぐことです。限定承認は、相続の開始があったことを知ったときから3カ月以内に、**相続人全員で**家庭裁判所に申述する必要があります。被相続人の財産を一部でも処分してしまったような場合は限定承認ができません。

◆ 相続の放棄

相続の放棄は、被相続人の財産も債務も一切を相続しないことで、相続の開始があったことを知ったときから3カ月以内に家庭裁判所に申述する必要があります。相続開始前に相続の放棄をすることはできません。限定承認と異なり、相続の放棄は、**各相続人が単独で**行うことができます。相続の放棄をした場合、初めから相続人ではなかったものとみなされます。**相続の放棄も限定承認もしなかった場合は、単純承認をしたとみなされます。**

◆ 遺産分割の方法

遺産分割とは、相続開始後、個々の相続財産を各相続人に分けることです。その方法には、**指定分割**、**協議分割**のほか、家庭裁判所による**調停分割**、**審判分割**があります。

財産分割の方法には、①**現物分割**、②**換価分割**、③**代償分割**の3つの方法があります。

◎ 遺産分割の方法と手順

```
┌─────────────────┐
│   相続の発生      │
└─────────────────┘
```

> 相続は親族間の争いになりやすいので遺言書を残すことが重要！

指定分割 被相続人が、遺言で遺産の分割方法を決めるか、第三者に分割方法を決めることを委託する方法

協議分割 遺言の指定がないときは、相続人全員の協議で分割方法を決める
・相続人全員の合意であれば、法定相続分通りでなくてもかまわない
・生命保険金などのみなし相続財産は、協議の対象にならない

調停分割 遺産の分割協議が整わないときに、家庭裁判所の調停により分割方法を決める
・家庭裁判所の裁判官・調停委員が間に入って話し合いをする
・相続人全員の合意が必要

審判分割 調停が不成立となった場合は、家庭裁判所の審判により分割方法を決める
・家庭裁判所の裁判官が審判により遺産の分割方法を決める

```
┌─────────────────┐
│   遺産分割        │
└─────────────────┘
```

> 審判の内容に不服があるときは不服申立てもできる！

◎ 遺産分割の3つの方法

①現物分割	相続財産をそのまま分割する方法
②換価分割	相続により取得した財産を、金銭に換えて、その金銭を分割する方法
③代償分割	特定の相続人が相続財産を取得し、その相続人が代償として、自己の固有財産を他の相続人に支払う方法。代償財産も相続税の対象となる。代償財産として不動産などを交付した場合、その資産を譲渡したものとみなし、譲渡所得の対象となる

> 財産が「父親が経営していた会社」などの場合は、代償分割を使うことでスムーズに事業承継ができます！

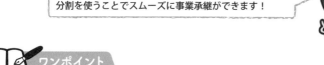

📖✒ **ワンポイント**

借金も相続の対象となるのか

相続するものは、財産だけではありません。借金も相続の対象となります。資産よりも債務のほうが多い場合は、限定承認や相続の放棄という方法があります。相続の放棄の手続きは簡単にできるのですが、いったん放棄をしてしまうと、原則として取消しはできないので、財産の内容をよく調べたうえで手続きをしましょう。

1 資金計画
2 リスク管理
3 金融資産運用
4 タックスプランニング
5 不動産
6 相続・事業承継

民法❹

重要度 ★★★

遺言の種類と方法

死亡とともに法律効果が生じる遺言書に
被相続人の意思を示しておきます

　生前に自分の意思を表示しておくことを**遺言**といいます。遺言は遺言者の意思を尊重しそれを実現するためのもので、**満15歳以上**で意思能力があれば誰でも遺言を行うことができます。

遺族に被相続人の意思を示すため、遺言書をつくる

◆ 遺言書の方式と種類

　遺言を一定の方式にしたがって表したものが**遺言書**です。遺言書は、別の遺言書を作成することで、遺言の内容の全部または一部を変更することができます。その際は、先に作成した遺言書と同じ方式である必要はありません。複数の遺言書がある場合は、日付の新しいほうが有効です。遺言を残すことで、相続人同士の争いを防いだり、相続人以外の人に財産を渡すこともできます。遺言書は**自筆証書遺言**、**公正証書遺言**、**秘密証書遺言**などの方式が決まっており、それぞれの方式にしたがって作成しないと効力がありません。

◆ 遺言によっても侵すことができない「遺留分」

　ただ、たとえば、被相続人が「長男にすべての財産を渡す」という内容の遺言書を作成した場合、他の相続人が財産を受け取ることができず、不公平になってしまいます。そこで遺言の内容にかかわらず、**一定の法定相続人が確実に受け取れる財産の割合**が民法で規定されています。これを遺留分といいます。

　遺留分権利者は、配偶者および子、直系尊属で、遺留分の割合は相続財産の2分の1です。ただし、直系尊属のみが相続人の場合は3分の1になります。侵害額に相当する金銭を請求する権利（**遺留分侵害額請求権**）は、相続の開始および遺留分侵害の事実を知った日から1年間、または相続開始のときから10年間行使しないと時効により消滅します。

◎ 遺言書の方式

	自筆証書遺言	公正証書遺言	秘密証書遺言
作成方法	遺言者が遺言の全文、日付、氏名を自書し、押印する（パソコン使用や代筆は不可）	遺言者の口述により、公証人が遺言を作成する	遺言者が遺言書に署名・押印・封印し、公証人が日付等を記入する
証人	不要	2人以上の証人が必要	2人以上の証人が必要
秘密保持	・秘密を保持できる ・偽造・滅失等の恐れがある	・公証人と証人に遺言の内容を知られる ・偽造・滅失の恐れはほとんどない	・遺言の内容を秘密にして、存在だけを証明してもらう ・滅失・未発見の恐れがある
検認	必要	不要	必要

※検認とは、遺言書が法定の条件を満たしているかどうかを家庭裁判所で確認する手続きで、遺言書として有効かどうかを判断するものではない
※自筆証書遺言は、法務局での保管が可能である。その場合、検認は不要となる

自筆証書遺言に添付する財産目録は、パソコンなどで作成してもOKですが、財産目録の各ページに署名押印が必要です

◎ 遺留分

妻には一切財産を渡さない！

遺産1億円

被相続人

遺言書

遺留分の割合 ——→ 2分の1
遺産が1億円の場合——→ 遺留分は5,000万円
　　　　　　　　　　　↓
妻の法定相続分が2分の1の場合「妻には一切財産を渡さない」という遺言があっても妻は少なくとも2,500万円は受け取ることが可能

遺言書を作成するときは遺留分を考慮した内容にすることが大切です

📖✒ ワンポイント

遺言書の内容は絶対なの？

遺言書は、財産をどのように相続人に承継するか、被相続人の意思を表すものですが、相続人全員の合意があれば、遺言書の内容通りに相続財産を分割しなくても構いません。ただし、相続では、相続人間の争いが起こりやすいので、遺言書を遺すことで、その争いを防ぐ効果は大きいです。

05 民法❺

重要度 ★★★

民法改正による相続の新ルール

特別の寄与制度や配偶者居住権など、
相続の実態に沿った新しいルールが創設されました

　民法のうち相続の分野については、1980年から大きな見直しはされておらず、現代における相続の実態にそぐわない部分も生じていました。そこで、相続人の高齢化など、社会情勢の変化に対応して相続法が改正され、さまざまな新しいルールが創設されました。

相続人以外が介護などを行った場合に請求できる特別の寄与制度

　従来の相続の考え方では、相続人以外の者が被相続人の介護等に尽くしても、その遺産を相続することはできませんでした。しかし、**特別の寄与制度**が創設されたことにより、**相続人以外の被相続人の親族が無償で被相続人の療養看護等を行った場合**に、その親族は、**相続人に対して寄与度に応じた金銭（＝特別寄与料）を請求できる**ことになりました。

配偶者の生活に配慮する配偶者居住権、配偶者短期居住権

◆配偶者居住権

　配偶者が相続開始時に被相続人が所有する建物に居住していた場合、遺産分割によって**配偶者居住権**を取得することにより、終身または一定期間、**その建物に無償で居住することができる**ようになりました。これを配偶者居住権といいます。配偶者居住権が創設されたことにより、相続財産の大半を居住用不動産が占める場合などでも、配偶者は自宅での居住を継続しつつ、その他の財産を取得することができます。

◆配偶者短期居住権

　配偶者が相続開始時に被相続人が所有する建物に居住していた場合、遺言や遺産分割で配偶者居住権が認められないときでも、**一定期間（最低6カ月）は、居住建物を無償で使用する権利を取得**します。

◎ 特別の寄与制度

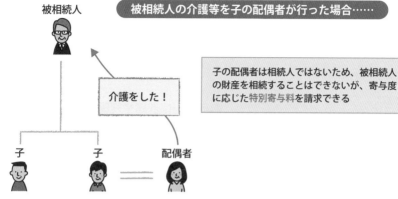

被相続人の介護等を子の配偶者が行った場合……

介護をした！

子の配偶者は相続人ではないため、被相続人の財産を相続することはできないが、寄与度に応じた特別寄与料を請求できる

子　子　配偶者

・特別寄与料を請求できるのは、相続人以外の被相続人の親族
・被相続人に対して無償で療養看護その他の労務の提供をしたことにより、被相続人の財産の維持または増加について特別の寄与をしたことが必要

◎ 配偶者居住権と配偶者短期居住権

配偶者居住権	・被相続人の法律上の配偶者が利用できる ・配偶者が被相続人の所有していた建物に、相続発生時に居住していたとき、遺産分割、遺贈、死因贈与、家庭裁判所の審判のいずれかにより、配偶者居住権を取得できる
配偶者短期居住権	・被相続人の法律上の配偶者が利用できる ・配偶者が、被相続人の所有する建物に居住していた場合、遺産分割協議がまとまるまで、または被相続人の死亡後6カ月間は、無償でその建物に居住することができる

ワンポイント

相続預金の払戻し制度とは？

通常、口座の名義人が死亡すると、口座は凍結され、預金を払い戻すことができなくなります。葬祭費用の引き出しができなくなるなどの問題が発生する場合もあるため、相続預金のうち一定の金額まで、相続人が単独で払い戻しできる制度が創設されました。

1 資金計画
2 リスク管理
3 金融資産運用
4 タックスプランニング
5 不動産
6 相続・事業承継

相続税の基本的な考え方

どんな人が相続税を払う必要があり
どの財産に相続税がかかるかを知っておきましょう

　相続税を払う必要があるのは、**相続または遺贈や死因贈与によって財産を取得した個人**です。法人格のない社団等や公益法人等もみなし個人として相続税の対象となる場合があります。また、相続人が日本に住所を持たない場合でも、一部を除き相続税を支払う必要があります。

相続税の課税財産・非課税財産

◆ 相続税の対象となる財産

　相続税の対象となる財産には、**本来の相続財産とみなし相続財産、生前贈与財産の3種類があります。本来の相続財産とは、被相続人の現金、預貯金、有価証券、不動産などの一切の財産です。みなし相続財産とは、死亡保険金や死亡退職金など、被相続人の財産とみなされる財産です。生前贈与財産は、**相続開始前7年以内に贈与を受けた財産**が相続税の対象です。

◆ 相続税が非課税となる財産

　原則として、被相続人から相続した財産はすべて相続税の対象ですが、墓地、墓石、仏壇、仏具など宗教的な儀礼に関わるものは相続税の課税対象外となります。それ以外にも、次の財産については相続税がかかりません。

❶死亡保険金

　被相続人の死亡によって相続人が取得した**死亡保険金**は、一定の金額まで相続税が非課税となります。

❷死亡退職金

　死亡退職金も一定の金額まで相続税が非課税となりますが、被相続人の死亡後3年以内に支給が確定したものに限ります。死亡退職金とは別に**弔慰金**が支払われた場合、業務上の死亡については**給与の3年分**、業務外の死亡では**給与の半年分**が非課税となります。

◎ 相続税の課税財産

本来の相続財産	現金、預貯金、有価証券、土地、家屋、事業用資産、家庭用財産、貴金属・宝石、書画骨董、電話加入権　など
みなし相続財産	死亡保険金、死亡退職金、弔慰金、功労金、生命保険契約に関する権利　など
生前贈与財産	相続または遺贈（死因贈与を含む）により財産を取得した人が、相続開始前7年以内に被相続人から贈与された財産※

被相続人が被保険者でない保険契約や、個人年金保険を受け取る権利は、共に相続税の対象！

生前贈与による相続税逃れを防ぐ目的がある！

※2023年12月以前に贈与された財産は、相続開始前3年以内のものが対象

◎ 生命保険金、死亡退職金の非課税限度額

非課税限度額 ＝ 500万円 × 法定相続人の数

生命保険金と死亡退職金はそれぞれ、この額まで非課税になる！

◎ 各相続人の非課税限度額

$$各相続人の非課税限度額 = 非課税限度額 \times \frac{各相続人が受け取った死亡保険金等}{全相続人が受け取った死亡保険金等}$$

被相続人　　配偶者

子A　　　　子B

死亡保険金 3,000万円

$$配偶者の非課税限度額 = 1,500万円 \times \frac{3,000万円}{5,000万円} = 900万円$$

子Aが死亡保険金を受け取らなくても法定相続人の数は3人なので、非課税限度額は500万円×3人=1,500万円

死亡保険金 2,000万円

$$子Bの非課税限度額 = 1,500万円 \times \frac{2,000万円}{5,000万円} = 600万円$$

ワンポイント

生命保険を使った相続税対策もできる

現金を残して死亡した場合は、その全額が相続税の対象になってしまいます。ですが、生命保険の死亡保険金等は、相続人の数によって一定の金額まで相続税が非課税になります。生命保険を上手に使うことで相続税対策にもなるのです。

1 資金計画
2 リスク管理
3 金融資産運用
4 タックスプランニング
5 不動産
6 相続・事業承継

債務控除と基礎控除額

相続した財産から差し引ける
控除の種類と金額を知っておきましょう

控除額は法定相続人の数によって変わってくる

◆ 債務控除（債務・葬式費用）は課税価格から差し引ける

相続税は、被相続人が残した財産の額（課税価格）を基に計算します。被相続人の債務や葬式費用は課税価格から差し引いて計算することができ、これを債務控除といいます。債務控除は、相続人と包括受遺者（特定の財産ではなく、「財産の３分の１を与える」などと割合を指定された受遺者）に適用されます。相続を放棄した人や相続権を失った人が適用を受けることはできませんが、葬式費用については控除できます。

◆ 遺産に係る基礎控除の計算方法

被相続人の遺産に過大な相続税をかけることで、遺族が生活に困ることがないように、遺産には基礎控除があります。基礎控除額は、次の算式で求めることができます。

遺産に係る基礎控除額 ＝ 3,000 万円 ＋ 600 万円 × 法定相続人の数

◆ 相続税を計算する際の法定相続人の数

法定相続人の範囲は民法で定められていますが、相続税を計算する際の法定相続人の数は、次のように算出します。

❶相続の放棄があった場合

相続を放棄した人がいる場合、その**放棄はなかったものとみなして法定相続人の数にカウント**します。

❷被相続人に養子がいる場合

被相続人に養子がいる場合、**実子がいるときは養子の数は１人まで、実子がいない場合は養子の数は２人まで法定相続人の数に算入**できます。これには、相続税の節税を目的に養子を取ることを防ぐ意味があります。

◎ 債務・葬式費用の控除の範囲

	控除できるもの	控除できないもの
債務	・借入金 ・未払いの税金 ・未払い医療費 ・アパート等の預り敷金	・墓地購入の未払い金など非課税財産の債務 ・保証債務 ・遺言執行費用、弁護士・税理士費用 ・土地測量費用
葬式費用	・通夜・葬式費用 ・葬式前後の出費で葬式にともなうもの ・死体の捜索・運搬費用	・法会費用（四十九日の費用等） ・香典返戻費用 ・医学上、裁判上特別な処置に要した費用

お墓をローンを組んで購入するのは、控除できないのでオススメしません！

◎ 遺産に係る基礎控除額

遺産に係る基礎控除額
= 3,000 万円 + 600 万円 × 3 人
= 4,800 万円

法定相続人の数

被相続人　配偶者

 実子
 養子
 養子

2 人目の養子は、法定相続人の数としてカウントできない

 相続税法上は、実子がいる場合、養子の数は 1 人までしかカウントできないので、上の例の場合、法定相続人の数は 3 人（配偶者、実子 1 人、養子 1 人）となる

・上記の「法定相続人の数」は相続税を計算する際の考え方で、民法上、養子はその人数にかかわらず実子と同じ相続権がある
・特別養子縁組による養子や配偶者の実子で養子縁組をした人、代襲相続人で被相続人の養子となった人は実子とみなされる

1 資金計画
2 リスク管理
3 金融資産運用
4 タックスプランニング
5 不動産
6 相続・事業承継

相続税を計算する

相続税を計算するときには
全体の流れを理解するのがポイント

相続税の金額は、所得税とは違う独特の計算方法によって算出します。

被相続人の財産から非課税財産の金額や債務・葬式費用を控除したものが課税価格です。課税価格から遺産に係る基礎控除額を差し引いた額を課税遺産総額といいます。

次に、課税遺産総額を法定相続人が法定相続分通りに分けたと仮定して、相続人ごとの相続税を算出します。この額を合計したものが**相続税の総額**です。**相続税の総額を相続人が実際に相続した遺産の割合で按分したもの**が各人の相続税額になります。さらに相続人によっては、相続税が減額される人、増額される人がいます。

◆ **相続税の計算手順**

❶**課税価格を算出**

$$課税価格 = \begin{Bmatrix} ・本来の相続財産 \\ ・みなし相続財産 \\ ・生前贈与財産 \end{Bmatrix} - 非課税財産 - 債務・葬式費用$$

❷**課税遺産総額を算出**

課税遺産総額 = 課税価格 - 遺産に係る基礎控除額

❸**課税遺産総額を法定相続分で仮に按分して、相続人ごとの取得金額を算出**

❹**相続人ごとの取得金額に税率を掛けてそれぞれの税額を算出。それを合計して相続税の総額を算出**

❺**相続人ごとの課税価格に応じて相続税の総額を按分し、各人の相続税額を算出**

1 資金計画

2 リスク管理

3 金融資産運用

4 タックスプランニング

5 不動産

6 相続・事業承継

◎ 相続税の総額の計算

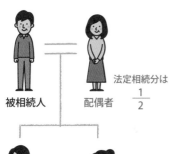

被相続人　配偶者

法定相続分は $\dfrac{1}{2}$

子A
法定相続分は $\dfrac{1}{4}$

子B
法定相続分は $\dfrac{1}{4}$

課税遺産総額が1億円の場合

配偶者の法定相続分：**5,000万円**
子Aの法定相続分：**2,500万円**
子Bの法定相続分：**2,500万円**

各相続人の相続税額を計算

配偶者：5,000万円 × 20% − 200万円 = **800万円**
子A：2,500万円 × 15% − 50万円 = **325万円**
子B：2,500万円 × 15% − 50万円 = **325万円**

相続税の総額を計算

800万円 + 325万円 + 325万円 = **1,450万円**

◎ 相続税の税額速算表

取得金額		税率	控除額
	1,000万円以下	10%	−
1,000万円超	3,000万円以下	15%	50万円
3,000万円超	5,000万円以下	20%	200万円
5,000万円超	1億円以下	30%	700万円
1億円超	2億円以下	40%	1,700万円
2億円超	3億円以下	45%	2,700万円
3億円超	6億円以下	50%	4,200万円
6億円超		55%	7,200万円

> 課税価格よりも基礎控除額のほうが多い場合には相続税はかかりません

 **ワンポイント**

遺産に係る基礎控除額の効果は大きい

遺産に係る基礎控除額は、2015年以降縮小されてしまいました。しかし、現在でも法定相続人が3人いれば基礎控除額は4,800万円になります。課税価格より基礎控除額が大きいときには相続税はかかりません。基礎控除の効果は大きいのです。

相続税額の加算と減算

相続税の2割加算や税額控除を適用して
納付する税額を求めます

相続税の総額が算出されたら、それを各相続人が実際に相続した課税価格に応じて按分し、各人の相続税額を算出します。ここからさらに、相続人によって相続税を加算・減算して各人の納付税額を計算します。

相続税が増額される人・減額される人はどんな人か

◆ 相続税が増額される人

相続や遺贈によって財産を取得した人が被相続人の1親等の血族（代襲相続人を含む）や配偶者以外の場合には、相続税額が**2割加算**されます。

◆ 相続税額が減額される人

❶配偶者の税額軽減

配偶者は被相続人と共に財産を形成した人であり、被相続人の死亡後の生活への配慮から、税額を軽減する制度が設けられています。対象となるのは婚姻関係にある配偶者で、内縁関係は対象外です。配偶者の税額軽減の適用を受けた場合、**相続税がゼロであっても申告書の提出が必要**です。

❷贈与税額控除

被相続人から相続開始前3年以内に贈与を受けている場合、その財産は相続税の課税価格に加算されるため、贈与を受けたときの贈与税額を相続税額から差し引くことができます。被相続人から贈与を受けた人のうち、相続や遺贈によって財産を取得した人が対象となります。

❸未成年者控除

相続や遺贈によって財産を取得したときに未成年である法定相続人は、未成年者控除として、「（18歳 − 相続開始時の年齢）× 10万円」で計算した額を相続税額から差し引くことができます。障害者の場合も、「（85歳−相続開始時の年齢）× 10万円」で計算した額を差し引くことができます。

相続税の２割加算

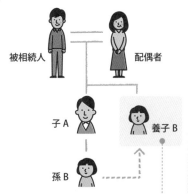

被相続人　　　　配偶者

子A　　養子B

孫B

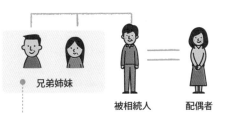

兄弟姉妹

被相続人　　配偶者

被相続人の兄弟姉妹、祖父母、孫などは１親等の血族ではないため相続税の２割加算の対象となる

孫Bを養子にした場合、法定相続人となるが、相続税の２割加算の対象となる。ただし、父親である子Aがすでに死亡していて代襲相続人である場合は２割加算の対象とはならない

配偶者の税額軽減

配偶者の税額軽減額
$$= 相続税の総額 \times \frac{次の①と②のいずれか少ないほうの額}{課税価格の合計額}$$

①＝課税価格の合計額 × 配偶者
　　の法定相続分
　※ただし１億6,000万円に満たな
　　い場合は１億6,000万円
②＝配偶者の相続税の課税価格

配偶者が相続したのが法定相続分までの金額

↓

相続税はかからない

↑

法定相続分を超えて相続
（１億6,000万円まで）

ワンポイント

配偶者の税額軽減を利用した節税対策？

配偶者の税額軽減の制度が設けられているため、全額を配偶者が相続すれば相続税はかかりません（被相続人の遺産が１億6,000万円まで）。ただし、その配偶者が死亡した際の相続税が高額になってしまうことも考えられるので、注意が必要です。

1 資金計画

2 リスク管理

3 金融資産運用

4 タックスプランニング

5 不動産

6 相続・事業承継

贈与税を計算する

生きている間に相手に財産を与えると
贈与税の課税対象になります

贈与とは、個人から個人に**無償で財産等を与える契約**です。贈与契約は贈与者が相手に贈与する意思を表示し、受贈者（贈与を受ける人）が受贈する意思を表示してお互いが合意することで成立します。

必ずしも契約書が必要ではなく、口頭だけでも成立します。口頭による贈与契約では、履行されていない部分はいつでも解除可能です。

贈与税が課されるのは、個人からの贈与で財産を取得した人

◆いろいろな贈与の形態と贈与税

贈与には、**通常の贈与**だけでなく、**定期贈与、負担付贈与、死因贈与**などの形態があります。このうち、**死因贈与は相続税の対象**に、**その他の贈与は贈与税の対象**になります。

贈与税は、贈与により取得した**本来の課税財産**だけでなく**みなし贈与財産**にも課されます。みなし贈与財産は、保険料を負担していない人が受け取った生命保険金や低額譲渡、債務免除などで受けた利益です。

◆贈与税の非課税財産

贈与によって取得した財産でも、扶養義務者からの生活費や学費、香典、贈答、見舞金など、その性質上、贈与税が課されない財産もあります。

法人からの贈与は所得税の対象になります。**相続開始年に被相続人から贈与を受けた財産は、贈与税ではなく相続税の対象**になります。

◆贈与税の計算（暦年課税）

贈与税は、1月1日から12月31日までに受けた贈与に対して課されます。贈与税には110万円の基礎控除があるので、年間110万円までの贈与であれば課されません。贈与税は、受贈者が課される税金で、国内の財産だけでなく、国外の財産もその対象になります。

◎ いろいろな贈与の形態

定期贈与	定期的に給付を行う贈与 例 毎年 200 万円を 10 年間贈与する
負担付贈与	受贈者に負担を負わせて行う贈与 例 2,000 万円の土地を贈与する代わりに 借金 1,200 万円を払ってもらう
死因贈与	贈与者の死亡により効力が発生する贈与 例 自分が死んだらこの土地をあげる → 相続税の対象
通常の贈与	上記以外の贈与

> 死因贈与だけは
> 相続税の対象！

◎ 贈与税の計算 (暦年課税)

$$贈与税額 = (課税価格 - 110 万円) \times 税率$$

◎ 贈与税の速算表 (一般税率・一部抜粋)

基礎控除後の課税価格		税率	控除額
	200 万円以下	10%	－
200 万円超	300 万円以下	15%	10 万円
300 万円超	400 万円以下	20%	25 万円
400 万円超	600 万円以下	30%	65 万円

> 贈与税のほうが
> 相続税よりも税率が
> 高い！

◎ 贈与税の速算表 (特例税率・一部抜粋)

基礎控除後の課税価格		税率	控除額
	200 万円以下	10%	－
200 万円超	400 万円以下	15%	10 万円
400 万円超	600 万円以下	20%	30 万円
600 万円超	1,000 万円以下	30%	90 万円

> 直系尊属から贈与を
> 受けた場合は贈与税
> が軽減されます

※18 歳以上の人が直系尊属から贈与を受けた場合に適用

1 資金計画
2 リスク管理
3 金融資産運用
4 タックスプランニング
5 不動産
6 相続・事業承継

◆ **贈与税の配偶者控除**

　日本の場合、夫が働いて妻は専業主婦という場合も少なくなく、マイホームを購入する際の名義を夫にするケースが多いです。ですが、「夫婦の財産は協力してつくり上げたもの」という考えから、夫婦間の贈与については、一定の要件に当てはまる場合に、**贈与税の配偶者控除**の適用を受けられるようになっていて、贈与税が軽減されます。

　その要件とは、婚姻期間が20年以上の夫婦間の贈与で、**居住用不動産または居住用不動産を購入するための金銭の贈与**です。この特例の適用を受けることで控除できる金額は2,000万円ですが、贈与税には110万円の基礎控除があるため、合計で2,110万円まで非課税で贈与することができます。

◆ **相続時精算課税制度**

　相続時精算課税制度とは、生前贈与について**累計で2,500万円まで非課税で贈与**することができるというものです。親世代が保有している資産を早めに子ども世代に移転することができるように設けられました。

　対象となる**贈与者は満60歳以上の父母または祖父母で、受贈者は満18歳以上の子である推定相続人、または孫**です。

　一般の贈与と相続時精算課税制度は選択適用となるため、いったん相続時精算課税制度を選択すると、それ以降、その贈与者からの贈与は一般の贈与を選択することはできません。贈与の回数には制限がなく、贈与を受けた金額を累計していき、合計2,500万円になるまでは贈与税がかかりません。2,500万円を超えると、超えた部分は**20%の税率で贈与税が課されます**。

　2024年1月1日以降の贈与については、年110万円の基礎控除を控除した残額が累積贈与額の計算の対象となります。

　相続時精算課税制度は、生前に贈与した財産を相続税と一体化して考える制度なので、贈与者が死亡した際は、贈与を受けた財産を相続財産に含めて相続税を計算します（贈与時に支払った贈与税は、相続税から控除することができます）。

　親世代の財産を早めに移転できるメリットはありますが、必ずしも相続税が安くなるわけではありません。

◎ 贈与税の配偶者控除適用のポイント

主な要件	・婚姻期間が 20 年以上である ・居住用不動産またはその取得資金の贈与である ・同じ配偶者からの贈与は 1 回だけ適用できる ・贈与を受けた翌年の 3 月 15 日までに居住を開始し、それ以降も居住し続ける見込みがある
ポイント	・この控除を利用し、贈与税がゼロとなる場合でも申告書の提出が必要 ・贈与があった年に配偶者が死亡しても特例の適用を受けられる ・贈与を受けてから 7 年以内に配偶者が死亡しても、生前贈与加算の対象にならない

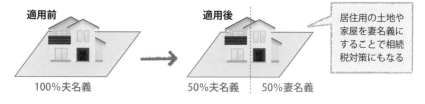

適用前　　　　　　**適用後**

100%夫名義　　　　　50%夫名義 ┊ 50%妻名義

> 居住用の土地や家屋を妻名義にすることで相続税対策にもなる

◎ 相続時精算課税制度のポイント

主な要件	贈与者：1 月 1 日現在で満 60 歳以上の父母または祖父母 受贈者：1 月 1 日現在で満 18 歳以上の推定相続人である子（養子も可）、または孫
ポイント	・暦年課税の贈与税と、どちらかを選択して適用する ・いったん相続時精算課税制度を選択すると、それ以降、同じ贈与者からの贈与は、すべて相続時精算課税制度で計算する ・最初に贈与を受けた年の翌年の 2 月 1 日から 3 月 15 日までに「相続時精算課税制度選択届出書」を贈与税の申告書に添付して提出する

1 回目	贈与額 1,000 万円
2 回目	贈与額 1,000 万円
3 回目	贈与額 1,000 万円

※2024 年 1 月以後の贈与は、年 110 万円まで課税されない

累計 2,500 万円までの贈与は贈与税が非課税

2,500 万円

累計 2,500 万円を超えた部分に 20%課税

例 累計 3,000 万円の贈与の場合
（3,000万円 − 2,500万円）× 20% ＝ 100万円
・100万円の贈与税を支払う
・相続が発生したときに精算する

> 支払った贈与税のほうが相続税よりも多いときは払いすぎた分が戻ってくる

1 資金計画

2 リスク管理

3 金融資産運用

4 タックスプランニング

5 不動産

6 相続・事業承継

11 税金❻
贈与税の非課税の特例

重要度 ★★★

教育資金や結婚・子育て資金、住宅取得資金の
贈与には、一定の非課税措置があります

　直系尊属が、教育資金や結婚・子育て資金、住宅取得資金を贈与した場合、一定の要件のもと、贈与税が非課税になる特例があります。

◆ **教育資金の一括贈与に係る贈与税の非課税措置**

　受贈者の教育資金に充てるために、その直系尊属が金銭等を拠出し、金融機関等に信託した場合、**受贈者1人について1,500万円まで、贈与税が非課税**となります。

　対象となる受贈者は、**30歳未満で前年の合計所得金額が1,000万円以下の個人**で、贈与された金額のうち、学校等以外の教育資金の支払いは500万円が限度となります。

◆ **結婚・子育て資金の一括贈与に係る贈与税の非課税措置**

　受贈者の結婚・子育て資金に充てるために、その直系尊属が金銭等を拠出し、金融機関等に信託した場合、**受贈者1人について1,000万円まで、贈与税が非課税**となります。

　対象となる受贈者は、前年の合計所得金額が1,000万円以下の18歳以上50歳未満の個人で、贈与された金額のうち、結婚関連の支払いは300万円が限度となります。

◆ **住宅取得資金に係る贈与税の非課税措置**

　直系尊属が、18歳以上の子や孫に住宅取得資金を贈与した場合、**省エネ・耐震・バリアフリーのいずれかの住宅を取得する場合は1,000万円、それ以外の住宅の場合は500万円まで、贈与税が非課税**となります。

　この特例は、暦年課税の贈与でも、相続時精算課税制度の適用を受ける場合でも、いずれも適用の対象となります。

◎ 教育資金の一括贈与に係る贈与税の非課税措置のポイント

主な要件	・直系尊属から直系卑属（子や孫など）への贈与が対象 ・受贈者は、30 歳未満で前年の合計所得金額が 1,000 万円以下の者が対象 ・非課税で贈与できる金銭等は 1,500 万円までで、そのうち学校等以外に支払われるものは 500 万円が限度
ポイント	・贈与された金銭などは金融機関等に信託契約を設定し、払い出しの際は、払い出した金銭などを教育資金の支払いに充当したことを証明する書類を提出する ・受贈者が 30 歳に達したときに使い残した残高がある場合、原則として、その残額に贈与税が課税（一般贈与財産として計算）される。ただし、30 歳時点で対象となる学校などに在学している場合は、40 歳まで非課税の適用を受けられる

◎ 結婚・子育て資金の一括贈与に係る贈与税の非課税措置のポイント

主な要件	・直系尊属から直系卑属（子や孫など）への贈与が対象 ・受贈者は、18 歳以上 50 歳未満で前年の合計所得金額が 1,000 万円以下の者が対象 ・非課税で贈与できる金銭等は 1,000 万円までで、そのうち結婚関連費用の支払いに充てられるものは 300 万円が限度
ポイント	・贈与された金銭などは金融機関等に信託契約を設定し、払い出しの際は、払い出した金銭などを結婚・子育て資金の支払いに充当したことを証明する書類を提出する ・受贈者が 50 歳に達したときに使い残した残高がある場合、原則として、その残額に贈与税が課税（一般贈与財産として計算）される

◎ 住宅取得資金に係る贈与税の非課税措置のポイント

主な要件	・直系尊属から直系卑属（子や孫など）への贈与が対象 ・受贈者は、18 歳以上で前年の合計所得金額が 2,000 万円以下の者が対象 ・新築の場合、床面積 40 ㎡以上 240 ㎡以下（店舗併用住宅の場合、家屋の床面積の 2 分の 1 以上が居住の用に供されること）が対象だが、50 ㎡未満の場合は、合計所得金額が 1,000 万円以下の者に限る
ポイント	・贈与を受けた翌年の 3 月 31 日までに入居し、贈与税の申告期限までに贈与税の申告書に必要書類を添付して提出する

非課税限度額

省エネ・耐震・バリアフリー住宅	1,000 万円
それ以外	500 万円

いずれも、知っていれば多額の資金を非課税で贈与できる特例です！

1 資金計画

2 リスク管理

3 金融資産運用

4 タックスプランニング

5 不動産

6 相続・事業承継

12 税金❼

重要度 ★★☆

相続税と贈与税の納付

相続税と贈与税の申告手続きと納付方法には
いくつかの違いがあります

相続税と贈与税の申告期限と納付期限

◆ 相続税の申告と納付方法

相続税の申告書は、**相続の開始があった日の翌日から10カ月以内**に、**被相続人の死亡時の住所地の税務署**に提出する必要があります。相続税の納付期限も申告書の提出期限と同じです。

計算した結果、相続税がゼロであるときは申告書の提出は不要ですが、配偶者の税額軽減や小規模宅地等の評価減の特例（230ページ）などの適用を受ける場合は、**相続税がゼロであっても申告書の提出が必要**です。もし申告期限までに相続財産が未分割の場合には、法定相続分で分割したと仮定して申告を行います。

納付の方法は、**金銭による一括納付**が原則です。しかし、相続財産の大半が不動産である場合など、金銭による一括納付が困難な場合は、一定の要件の下、延納や物納を選択することもできます。

◆ 準確定申告

所得税の申告義務がある人が死亡した場合、**相続人が代わって確定申告**をします。これを準確定申告といいます。申告の期限は、相続の開始があったことを知った日の翌日から4カ月以内です。

◆ 贈与税の申告と納付方法

贈与税の申告書は、贈与を受けた年の**翌年2月1日から3月15日までの間**に、**受贈者の住所地の税務署**に提出します。贈与税の納付期限も申告期限と同じです。

贈与税も**金銭による一括納付**が原則ですが、納付が困難な場合には延納をすることもできます。ただし、贈与税では物納は認められません。

◎ 相続税の延納と物納

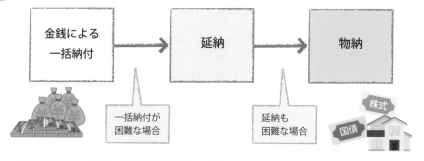

延納	相続税の全部または一部を分割して支払うこと 【延納の要件】・納付すべき相続税額が 10 万円を超えていること ・担保を提供すること（延納税額が 100 万円以下かつ延納 期間が 3 年以下の場合は不要） ※延納した場合、延納税額のほか利子税がかかる
物納	相続税を相続財産によって支払う方法 【物納の要件】・延納によっても金銭納付が困難であること ※物納する財産は、国内にある相続財産に限られる。相続人が以前から所有 していた財産は物納に充てられない

〈物納の順位〉
第 1 順位：不動産、船舶、国債・地方債、上場株式等、投資信託等
第 2 順位：非上場株式等
第 3 順位：動産

物納から延納への変更 ⟶ 物納の許可があるまでは、いつでも延納や金銭による
一括納付に変更することができる

延納から物納への変更 ⟶ 延納中に状況が変化して金銭による納付が困難になった
場合に、申告期限から 10 年以内に限って未払い部分を
物納に変えることができる

相続税の物納を選択する際に注意したいこと

相続する財産が「自宅のみ」という場合、相続税が払えず遺族が住む家がなくなってしまうこともあります。このような場合は、あらかじめ生命保険などで現金を準備しておくのも一案です。また、相続税を計算する際に小規模宅地等の評価減の特例を使った場合、減額後の価額が物納価額になってしまうので注意してください！

13 税金⑧

重要度 ★★★

不動産の評価

不動産を評価するときの基本原則と
特例事項について知っておきましょう

　相続税や贈与税を計算する際の財産の**価格は原則として時価で評価**します。ただし、土地や建物などの不動産は利用状況により評価額が異なります。

不動産の使用状況による評価の方法

◆ 宅地の評価

　宅地とは、建物の敷地として用いられている土地です。宅地は、**一画地（利用単位）ごとに**評価をします。土地の一部に自宅を建て、残りの部分にアパートを建てて賃貸しているような場合、自宅部分とアパート部分の宅地は別々に評価を行います。

　宅地の評価方式には、路線価方式と倍率方式があります。路線価方式は、市街地にある宅地の評価方式で、宅地が面している道路の相続税評価額（路線価）に基づいて、**路線価に宅地の地積（土地の面積）を掛けて自用地評価額を計算**します。市街地以外で路線価が定められていない宅地は、固定資産税評価額を基に倍率方式で計算します。

◆ 宅地の上に存する権利の評価

　借地権や貸宅地、貸家建付地など、宅地の上にさまざまな権利がある場合は、自用地評価額を基にして、その権利を考慮した価額で計算します。

❶自用地評価額

　自用地とは、所有者がその土地を自ら使用している場合です。

❷借地権

　借主が地代を支払ってその土地を借り、建物を建てるなどして利用している場合の借主の権利が借地権です。借地権者が死亡した場合、借地権が相続財産として相続税の対象になります。借地権は、国税庁によって定められた**借地権割合を考慮した評価額**となります。

路線価方式による土地の評価

〈土地の一方のみが道路に面している場合〉

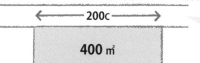

← 200c →

400 ㎡

奥行価格補正率：1.0

200C とは？

・「200」は路線価で、単位は千円。この場合、この道路に面している土地は 1 ㎡当たり 20 万円の評価額となる

・「C」は借地権割合を表す記号で、この場合、借地権割合は 70%

評価額
＝（正面路線価 × 奥行価格補正率）× 地積
＝ 200 千円 × 1.0 × 400 ㎡ ＝ 8,000 万円

記号	借地権割合
A	90%
B	80%
C	70%
D	60%
E	50%

〈土地の正面と側面が道路に面している場合〉

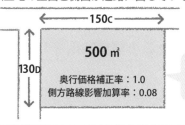

← 150c →

130D

500 ㎡

奥行価格補正率：1.0
側方路線影響加算率：0.08

土地の正面と側面が道路に面している場合、それぞれの路線価に奥行価格補正率を掛けた後の値の大きいほうが正面路線価となる

評価額
＝（正面路線価 × 奥行価格補正率 ＋ 側方路線価
　　× 奥行価格補正率 × 側方路線影響加算率）× 地積
＝（150 千円 × 1.0 ＋ 130 千円 × 1.0 × 0.08）× 500 ㎡
＝ 8,020 万円

〈奥行きが極端に長い土地の場合〉

地積が同じでも、B 土地は使いにくいので、評価額が下がる

B土地

A土地

〈角地の場合〉

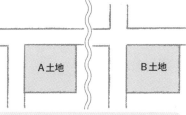

A土地

B土地

奥行価格補正率
地積が同じでも、道路からの奥行きが極端に長い土地は使いにくく価値が下がる。土地の形状を考慮して 0.8 ～ 1.0 の間で定められている奥行価格補正率を路線価に掛けることで、相続税評価額を下げることができる

側方路線影響加算率
土地が 2 つの道路に接している角地の場合、利便性が高いため価値が上がる。このような場合は、側方路線価に側方路線影響加算率を掛けることによって、相続税評価額が上がる

1 資金計画
2 リスク管理
3 金融資産運用
4 タックスプランニング
5 不動産
6 相続・事業承継

❸貸宅地

貸宅地とは、土地の所有者が自己の土地を貸している場合の土地の所有権です。貸宅地の評価方法は、**地主の底地の権利を評価**するものです。

❹貸家建付地

自分の土地に建物を建築し、その建物を賃貸している場合の敷地を貸家建付地といいます。貸家建付地の場合、**賃借人の借家権も考慮した評価額**になります。

❺土地の使用貸借の場合

土地を無償で貸す（借りる）ことを**使用貸借**（しょうたいしゃく）といいます。使用貸借の土地の評価額は、自用地としての評価額になります。

一定面積において評価額が減額される小規模宅地等の特例

◆ 小規模宅地等の評価減の特例

小規模宅地等の評価減の特例とは、被相続人の自宅や事業用店舗の敷地を、一定の要件を満たす人が相続した場合、**通常の相続税評価額から一定の割合を減額することができる特例**です。高額な相続税を課して、遺族が自宅を手放さざるを得なくなったり、被相続人の事業を引き継ぐことができないといった事態を防ぐ目的があります。

適用の対象となる宅地は、**特定居住用宅地等**、**特定事業用宅地等**、**貸付事業用宅地等**などで、それぞれ適用の際の要件や減額の対象となる地積、減額割合が定められています。特定居住用宅地等と特定事業用宅地等はそれぞれの限度面積まで併用が可能です。

◆ 建物の評価

相続税を計算する際に、建物については固定資産税評価額に基づいて計算されます。建物は**自用家屋**（じようかおく）と**貸付用家屋**に分かれ、貸付用家屋については、借家権割合と賃貸割合を考慮した評価額になります。

なお、マンションや一戸建ての建物を借りている人には借家権がありますが、借家権は相続財産としては評価されません。

◎ 宅地の上に存する権利の評価

借地権	評価額 ＝ 自用地評価額 × 借地権割合

借地権の価額と貸宅地の価額を合計すると、自用地評価額と同じになる

貸宅地	評価額 ＝ 自用地評価額 ×（1 － 借地権割合）

貸家建付地	評価額 ＝ 自用地評価額 ×（1 － 借地権割合 × 借家権割合 × 賃貸割合）

借家権割合
借家権割合は、その建物を借りている人の権利であり全国一律 30%

賃貸割合
賃貸割合とは、アパートの 1 室を管理人室にしているなどのとき、その建物の中で賃貸されている部分の割合。一時的に空室になっている場合は、賃貸されていたと考えることができる

◎ 小規模宅地等の評価減の特例

〈特例の対象となる宅地の要件〉

特定居住用宅地等	・被相続人が居住していた宅地 ・被相続人と生計を一にしていた親族の居住用宅地
特定事業用宅地等	・被相続人の事業用宅地 ・被相続人と生計を一にしていた親族の事業用宅地
貸付事業用宅地等	・被相続人が貸付事業を行っていた宅地

二世帯住宅も特定居住用宅地として減額の対象になります

相続財産に特定居住用宅地と特定事業用宅地がある場合、両方とも対象面積まで減額できます

〈減額割合〉

	減額割合	減額対象地積
特定居住用宅地等	80%	330 ㎡
特定事業用宅地等	80%	400 ㎡
貸付事業用宅地等	50%	200 ㎡

1 資金計画
2 リスク管理
3 金融資産運用
4 タックスプランニング
5 不動産
6 相続・事業承継

14 税金⑨

その他の財産の評価

不動産以外の財産を相続した場合は
それぞれ定められた方法で評価します

　相続によって取得した財産は、原則、時価によって評価を行います。しかし、時価を算定することが難しい場合や、時価が大きく変動しやすい財産の性質を考慮して、財産の種類によって相続税評価の方法が定められています。

各相続財産の評価方法

◆ 動産の評価

　動産は、時価により評価を行います。時価とはその動産の課税時期の取得価額であり、新品の購入価格から経年による減価額を差し引いた額です。

◆ ゴルフ会員権の評価

　ゴルフ会員権は、課税時期の取引価格を基に計算します。取引価格は変動するため、公平性を図るために取引価格の7割で評価します。預託金等がある場合は、その額を足した金額が相続税評価額です。

◆ 金融資産の評価

　預貯金は預入残高（あずけいれざんだか）で評価しますが、定期預金は課税時期までの利子（既経過利子）を合計した額となります。

　上場されている公社債は、課税時期の最終価格に既経過利子の額を足した額で評価します。

　上場株式は、株価の変動が激しいため、課税価格を平均化するための評価方法が定められています。

◆ 生命保険契約の評価

　生命保険に関する権利を相続した場合、解約返戻金相当額（かいやくへんれいきんそうとうがく）で相続税評価を行います。

相続財産の評価

ゴルフ会員権の評価

$$評価額 = \frac{課税時期の}{取引価格} \times 70\% + \frac{取引価格に含まれない}{預託金等の額}$$

預貯金の評価

普通預金等 = 預入残高
定期預金等 = 預入残高 + 源泉税控除後の既経過利子の額

公社債の評価

$$\frac{上場されている}{公社債} = \frac{課税時期の}{取引(最終)価格} + \frac{源泉税控除後の}{既経過利子の額}$$

生命保険契約の評価

生命保険契約の権利の価額 = 解約返戻金相当額

上場株式の評価

上場株式の評価は、次の4つのうちもっとも低い額

①課税時期の**終値**
②課税時期の属する月の**毎日**の終値の平均
③課税時期の属する月の**前月**の毎日の終値の平均
④課税時期の属する月の**前々月**の毎日の終値の平均

※課税時期に終値がない場合（土日に死亡した場合など）は課税時期の前後でもっとも近い日の終値を用いる
※2つ以上の証券取引所で取引されている銘柄は、納税義務者が選択した証券取引所の最終価格を用いる

上場されている株式は、死亡当日の株価も含めた4つの価額のうち、もっとも低い価額で評価されます！

1 資金計画
2 リスク管理
3 金融資産運用
4 タックスプランニング
5 不動産
6 相続・事業承継

15 対策❶

相続税対策と争続対策

重要度 ★☆☆

相続時の親族の争いを避けて
相続税額を軽減させる方法を知っておきましょう

相続時には、親族間で争いが起きやすいものです。「仲のよい兄妹が、相続をきっかけに口もきかない関係になってしまった！」などということがないように、被相続人の生前からしっかりと相続対策をしておきましょう。

事前に準備をしておくことで、相続時にはラクになる

相続税を軽減し、争いを避けるには、相続に対しての事前準備や備えが重要になります。

◆ 相続税を軽減する方法

相続税を軽減しようとするときには、**贈与税の配偶者控除の適用**を受けたり、**死亡保険金や死亡退職金の非課税枠を利用**したり、**小規模宅地等の評価減の特例を使う**方法が考えられます。

相続時精算課税制度の適用を受けた財産は、相続の発生時に相続財産の価格に加えて計算をするため、必ずしも相続税が安くなるわけではありません。しかし、贈与時の価額で計算をするため、インフレ時や、将来、価格が上がりそうな不動産などを生前贈与しておく場合には有利になります。

◆ 争いを避ける相続対策

被相続人の財産が不動産のみで、相続人のうち1人だけがその不動産を相続するといったときは、争いが起きやすくなります。「不動産の名義を細分したくない」「被相続人の配偶者が老後に住む家を確保したい」という場合は、生命保険を上手に利用して、他の相続人も相応の財産が受け取れるように備えておきます。たとえば、死亡保険金の受取人を不動産を受け取る人にして代償分割をするのも一案です。

同様に、「被相続人の事業を相続人のうち誰か1人に継がせたい」というようなときにも、こうした相続対策が必要です。

1 資金計画

2 リスク管理

3 金融資産運用

4 タックスプランニング

5 不動産

6 相続・事業承継

◎ 相続税を軽減するには

> **例** 相続財産は次の通り
> ・預貯金：5,000 万円
> ・土地・家屋（被相続人の居住用）200 ㎡：4,000 万円
> ・土地・家屋（不動産貸付用）300 ㎡：5,000 万円

相続人は、妻と子（2人）の3人

被相続人　　　　配偶者

子　　　　子

生前

・贈与税の配偶者控除の適用を受ける。婚姻期間 20 年以上の配偶者は 2,000 万円まで相続税が非課税
　→ 被相続人の居住用不動産のうち 2,000 万円を妻名義にする

・現金のうち 1,500 万円で生命保険に加入する（死亡保険金 1,500 万円）
　→ 法定相続人が 3 人なので、死亡保険金 1,500 万円（500 万円 × 3 人）までは非課税

相続発生後

・遺産に係る基礎控除として 4,800 万円は非課税となる（相続人が 3 人の場合）
・居住用不動産のうち被相続人の持分は小規模宅地等の評価減の特例を利用
　→ 330 ㎡まで評価額の 80％が減額となる
・不動産貸付用宅地等は小規模宅地等の評価減の特例を利用
　→ 200 ㎡まで貸家建付地の評価額の 50％が減額

> 小規模宅地等の評価減の特例は、特定居住用宅地で適用を受けた場合、不動産貸付用宅地はその一部しか適用を受けられない

節税！

◎ 相続時精算課税制度の利用

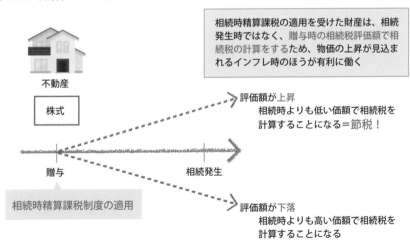

不動産

株式

> 相続時精算課税の適用を受けた財産は、相続発生時ではなく、贈与時の相続税評価額で相続税の計算をするため、物価の上昇が見込まれるインフレ時のほうが有利に働く

評価額が上昇
相続時よりも低い価額で相続税を計算することになる＝節税！

贈与　　　　　相続発生

相続時精算課税制度の適用

評価額が下落
相続時よりも高い価額で相続税を計算することになる

中小企業の事業承継

非上場会社の株式の評価の方法を
知っておきましょう

　上場企業の場合は証券取引所で株価が形成されますが、非上場会社の株式にはそのような株価はありません。証券取引所に上場していない企業の株式を**取引相場のない株式**というのはそのためです。日本の企業で証券取引所に上場しているのは全体の0.1％弱ですから、大半の企業が非上場会社だといえます。取引相場のない株式を保有している場合、どのような方法で相続税評価をすればいいのでしょうか。

会社の規模や同族株主かどうかで評価方式を選択する

◆取引相場のない株式の評価方法

　取引相場のない株式の評価方法には、類似業種比準方式、純資産価額方式、配当還元方式の３種類があります。その企業の同族株主であれば、類似業種比準方式や純資産価額方式で相続税評価を行い、同族株主以外の株主は配当還元方式で評価を行います。

❶類似業種比準方式

　類似業種比準方式は、その会社の事業内容と類似する上場会社の株価を基にして評価会社の株価を計算する方法です。類似業種と評価会社の配当金額、年利益金額、純資産価額からなる比準要素を使って計算します。

❷純資産価額方式

　純資産価額方式は、評価会社を清算したと仮定して、株主のものになる価値はいくらになるかという観点から評価会社の株価を計算する方法です。

❸配当還元方式

　配当還元方式は、評価会社が支払った配当金の額を基に相続税評価を行う方法です。

◎ 取引相場のない株式の評価方法

❶ 類似業種比準方式の計算方法

$$1株当たり評価額 = A \times \frac{\dfrac{b}{B} + \dfrac{c}{C} + \dfrac{d}{D}}{3} \times 斟酌率 \times \frac{1株当たり資本金等の額}{50円}$$

A：類似業種の株価	b：評価会社の1株当たりの配当金額（過去2年間の平均）
B：類似業種の1株当たりの配当金額	c：評価会社の1株当たりの年利益額（過去2年間の平均）
C：類似業種の1株当たりの年利益額	d：評価会社の1株当たりの純資産価額（直前期の帳簿価格）
D：類似業種の1株当たりの純資産価額	斟酌率：大会社（0.7）、中会社（0.6）、小会社（0.5）

❷ 純資産価額方式の計算方法

$$1株当たり評価額 = \frac{(A - B) - \{(A - B) - (C - D)\} \times 37\%}{発行済株式数}$$

A：相続税評価額による総資産額
B：相続税評価額による負債額
C：帳簿価額による総資産額
D：帳簿価額による負債額

❸ 配当還元方式の計算方法

$$1株当たり評価額 = \frac{過去2年間の配当の平均額}{10\%} \times \frac{1株当たり資本金の額}{50円}$$

配当の平均額は、特別配当や記念配当を除外して計算する

◎ 評価方法を選定する際の要件

株式の取得者	会社の規模	原則的な評価方法
同族株主	大会社	類似業種比準方式（または純資産価額方式の低いほう）
	中会社	併用方式（または純資産価額方式の低いほう）
	小会社	純資産価額方式（または併用方式の低いほう）
同族株主以外		配当還元方式

ワンポイント

「同族株主」とは？

非上場会社の「同族株主」とは、株主とその同族関係者でその会社の議決権の50%超を保有しているグループに該当する人のことです。あるいは、50%超を保有するグループがない場合は、30%超を保有するグループに属する人のことです。

1 資金計画
2 リスク管理
3 金融資産運用
4 タックスプランニング
5 不動産
6 相続・事業承継

17　対策❸
非上場株式の特例

重要度　★☆☆

非上場株式を相続する際には
相続税と贈与税に納税猶予のしくみがあります

　非上場会社の株式を保有している経営者などが死亡すると、その株式を相続した人は相続税を支払わなくてはいけません。もし、高額な相続税が発生して支払えないと、事業を継続することができないという事態にもなりかねません。そこで、非上場会社の事業承継（じぎょうしょうけい）をスムーズに行うために、**非上場株式等についての相続税・贈与税の納税猶予および免除の特例**があります。

非上場会社には相続税・贈与税の納税猶予がある

◆非上場株式等についての相続税の納税猶予および免除の特例

　非上場会社の後継者である相続人が、相続によってその会社の株式を被相続人（先代経営者）から取得してその会社を経営していく場合に、その経営者が納付する**相続税の80％の納税が猶予**され、相続した後継者が死亡したときに、猶予された相続税の納付が免除されます。

　この特例の適用を受けるためには、相続が発生してから10カ月以内に都道府県知事による経営承継円滑化法（中小企業における経営の承継の円滑化に関する法律）の認定を受ける必要があり、その後5年間は雇用の8割を継続するなどの要件があります。後継者である相続人は、先代経営者の親族でなくてもかまいません。

◆非上場株式等についての贈与税の納税猶予および免除の特例

　非上場会社の後継者である人が、贈与によってその会社の株式を贈与者（先代経営者）から取得し、その会社を経営していく場合に、後継者である経営者が納めるべき**贈与税の全額の納税が猶予**されます。また、先代経営者が死亡したときに納税が猶予されている贈与税が全額免除されます。

　この特例の適用にも、都道府県知事の認定を受けたり、雇用の8割を維持するなどの要件があります。

いつでもどこでも！
聞き流し音声ダウンロード

購入特典として、本書の主な解説文を読み上げた音声ファイルをダウンロードいただけます。電車の中や寝る前などの聞き流し学習に活用しましょう！

音声ファイルは以下からダウンロードしてご視聴ください。

https://kdq.jp/6frqt
ユーザー名　　fp2q-gokaku
パスワード　　onsei#1229

　上記 URL もしくは二次元コードにアクセスし、ユーザー名・パスワードを入力のうえ、「音声ダウンロードについて」のリンクをクリックし、zip ファイルをダウンロードしてください。

【注意事項】
- PC ／スマートフォン対象（一部の機種ではご利用いただけない場合があります）。
- 音声ファイルは MP3 形式です。
- ダウンロードに際し発生する通信料はお客様の負担となります。
- 端末や OS によっては、zip ファイルの解凍や音声再生のためのアプリが別途必要となる場合があります。なお、必要なアプリのインストールや詳細なダウンロード手順については、ご利用環境によって異なるため個別にご案内できません。
- 第三者や SNS などネット上での公開・配布は固くお断りいたします。
- システム等の都合により、**予告なくサービスを終了する場合**があります。

岩田　美貴（いわた　みき）
早稲田大学文学部卒業。経済・金融関係の出版社勤務を経て、1997年に(有)モーリーズ 岩田美貴FP事務所を設立し、ファイナンシャル・プランナーとして独立。「顧客に寄り添うFP」をモットーに、ライフプラン全般にわたるコンサルティングを開始する。
LECでの講師歴は20年以上で、FPの上級講座までを担当。テンポのいい語り口はわかりやすい！ と大評判で、多くの試験合格者を輩出している。ほかにも大学や企業でのFP講座、自治体の市民講座、マネーセミナーや講演会など幅広く活躍している。
著書に『マンガでわかる！ 岩田美貴の世界一やさしいFP3級』『ゼロからスタート！ 岩田美貴のFP3級1冊目の教科書』『この1冊で合格！ 岩田美貴のFP2級 最短完成テキスト』(以上、KADOKAWA)、監修書に『この1冊で合格！ 岩田美貴のFP2級 最短完成問題集』(KADOKAWA)、『すぐわかる！ FP3級 知っておきたい「お金」のはなし』(東京リーガルマインド)がある。

執筆協力／歌代　将也（うたしろ　まさなり）

かいていばん
改訂版 ゼロからスタート！
いわた みき　　　　　　　　　きゅう さつ め　　きょうか しょ
岩田美貴のFP2級1冊目の教科書

2024年5月29日　初版発行

著者／岩田　美貴
いわた　み き
監修／LEC東京リーガルマインド
　　　　とうきょう
発行者／山下　直久

発行／株式会社KADOKAWA
〒102-8177　東京都千代田区富士見2-13-3
電話 0570-002-301(ナビダイヤル)

印刷所／株式会社加藤文明社印刷所
製本所／株式会社加藤文明社印刷所

●お問い合わせ
https://www.kadokawa.co.jp/（「お問い合わせ」へお進みください）
※内容によっては、お答えできない場合があります。
※サポートは日本国内のみとさせていただきます。
※Japanese text only

定価はカバーに表示してあります。